SEBASTIAN JACOBY • THORSTEN ZIRKEL

DAS ULTIMATIVE BUNDESLIGA FAN-QUIZ

ÜBER 300 FRAGEN

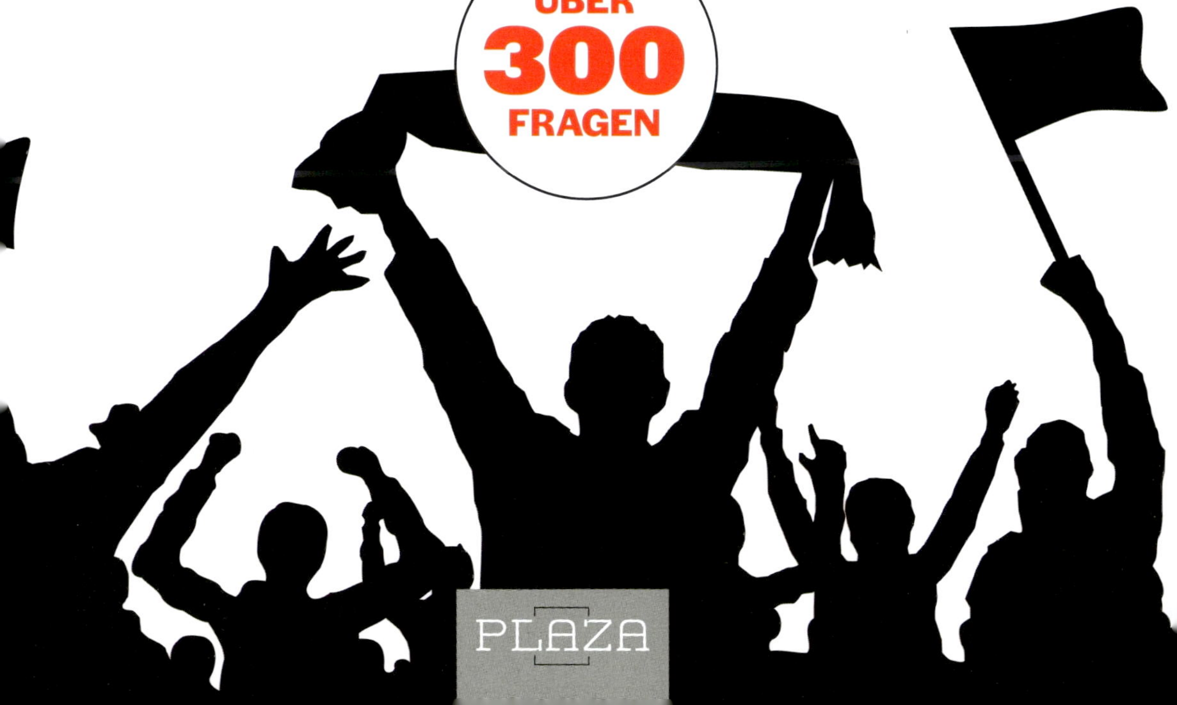

PLAZA

Der Spielplatz soll von Bäumen und Steinen frei, möglichst eben und mit niedrigem Gras bewachsen sein.

Jenaer Regeln von 1893

Folgt dem HEEL Verlag gerne auch unter

PLAZA ist ein Imprint der

HEEL Verlag GmbH
Gut Pottscheidt, 53639 Königswinter
Tel.: 02223 9230-0, Fax: 02223 9230-13
E-Mail: info@heel-verlag.de
www.heel-verlag.de

Plaza ist ein Imprint der HEEL Verlag GmbH

Autoren: Sebastian Jacoby und Thorsten Zirkel
Satz und Gestaltung: Ralph Handmann, Wachtberg
Covergestaltung: Axel Mertens, HEEL Verlag GmbH
Lektorat und Projektleitung: Ulrike Reihn-Hamburger

Fotos: © Adobe Stock – genannt ist jeweils die erste Platzierung: Igor Link (Coverbild), SimpLine (Cover, 1), FATIR29 (2/3), Daniel Berkmann (5), pixardi (6/7), Thaut Images (8/9, 20/21, 36/37), Alexander Limbach (10/11), Alex (12/13), nosyrevy (14/15), trattieritratti (20/21o), steevy84 (32/33), Matthias Enter (104/105), Photocreo Bednarek (130/131), WoGi (135), ii-graphics (134o), joesive47 (136), Silhouetten: miloskontra, EdNal, jan stopka

MIX
Papier | Fördert gute Waldnutzung
FSC® C084279

Gesamtherstellung: Print Consult, München

Printed in Lithuania

ISBN 978-3-96664-592-8

Inhalt

„Die Geschichte der Bundesliga." – „Ei wie? Die gibt's doch wirklich."
(Aus „Familie Heinz Becker – Alle Jahre wieder")

Und wie es die gibt! – Einige Ereignisse sind längst im kollektiven Fußballbewusstsein verankert. Man denke nur an die letzten Spieltage 1998/1999 (Jan Åge Fjørtoft) und 2000/2001 (Patrik Andersson), die ich in ihrer vollen emotionalen Wirkung „live" am Radio erleben konnte.

Aber die seit 1963 existierende Spielklasse hinterlässt auch an nicht so prominenten Stellen ihre Spuren. Ich erinnere mich z.B. gut an den 17. Spieltag der Saison 2002/2003, als Arminia Bielefeld bei Hannover 96 zu Gast war. Der Umbau des Stadions für die WM 2006 war nicht weit fortgeschritten, so dass es eher noch dem weitläufigen „zugigen" Niedersachsenstadion ähnelte als der heutigen Arena. Bei frostigen Temperaturen mit entsprechendem Niederschlag konnte auch das 0:0 auf dem „holprigen Geläuf" (Zitat „Kicker") niemanden so richtig erwärmen. Und zu allem Überfluss erfolgte irgendwann eine Durchsage des Stadionsprechers, der erklärte, dass leider keine warmen Getränke und Speisen mehr verkauft werden können, da sämtlicher Strom für das Flutlicht und die Anzeigetafel benötigt werde ... Trotz oder vielleicht gerade wegen der tristen Umstände ist dieser Stadionbesuch stets einer der ersten Gedanken, wenn ich meine erlebte Bundesliga-Historie Revue passieren lasse.

Mit solchen Erfahrungen fiel mir die Antwort auf Sebastians Frage, ob ich mir die Mitwirkung an diesem Buch-Projekt vorstellen könne, nicht allzu schwer. Danke, dass Du und der HEEL Verlag es mir ermöglicht haben, zwei meiner großen Leidenschaften (Quiz und Fußball) in solch einer Detailtiefe zu verbinden. Die gemeinsame Entwicklung des Quiz-Match-Plans war ein wunderbarer kreativer Prozess.

Ich hoffe, wir können mit den letztendlich auf dem Papier aufgestellten Fragen ein herausforderndes und unterhaltsames Quizerlebnis bieten und dabei auch den „alten Hasen" noch das eine oder andere Aha-Erlebnis entlocken. Ich jedenfalls habe bei der Recherche viel Spaß gehabt und bin nicht nur einmal auf neue, interessante Fakten und Begebenheiten gestoßen.

Und jetzt (*frei nach dem „Kaiser"*) geht's raus und quizzt's Bundesliga!

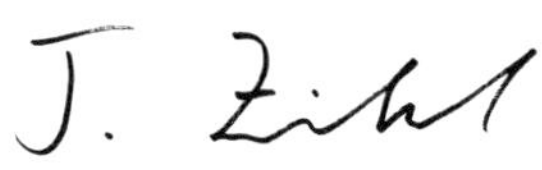

Dass die Reihe „Quiz Dich schlau mit dem Quizgott“ nach knapp zwei Jahren mit diesem Buch fortgesetzt werden konnte, ist mir eine große Freude. Ohne meine Frau Nicole, die mich als Vorstopperin einmal mehr freigeblockt hat, wäre das nicht möglich gewesen. Danke, mein Herz!
Sehr beglückend war auch, dass ich mit Thorsten Zirkel einen der besten Sport-Quizzer Deutschlands und einen eingefleischten Fan der Bundesliga und ihrer Geschichte als Co-Autor gewinnen konnte. Uns vereint, dass wir beide Mannschaften in roten Heimtrikots unterstützen, dass wir uns in zahlreichen Quizduellen – auf oder neben dem Olymp – respektvoll gegenüberstanden und dass wir wahrscheinlich beide mehr über den Ball wissen als am Ball können, der „Kaderschmiede“ des FC Oberstdorf – in meinem Fall – zum Trotz.

Dieses Buch ist eine Verneigung vor 60 Jahren Bundesliga und ihren Akteuren, die uns an zahllosen Spieltagen im Stadion, in der Kneipe oder am Radio Freude oder andere weniger schöne Emotionen bereitet haben. Die Fragenrecherche hat in mir halb verschüttete Erinnerungen und Gefühle wachgerufen, die ich täglich in hoher Dosis gebrauchen könnte oder aber meinem ärgsten Feind nicht wünschen würde. Gleichzeitig war die stimmige und korrekte Zusammenstellung der Fragen für ein derart anspruchsvolles und mit Detailkenntnis versehenes Publikum, wie es Fußballfans nun einmal sind, eine große Herausforderung. Ich hoffe sehr, dass Thorsten und meine Wenigkeit hierbei nicht ganz danebenliegen und wünsche allen viel Vergnügen beim Knacken unserer harten „Bundesliga-Nüsse“!

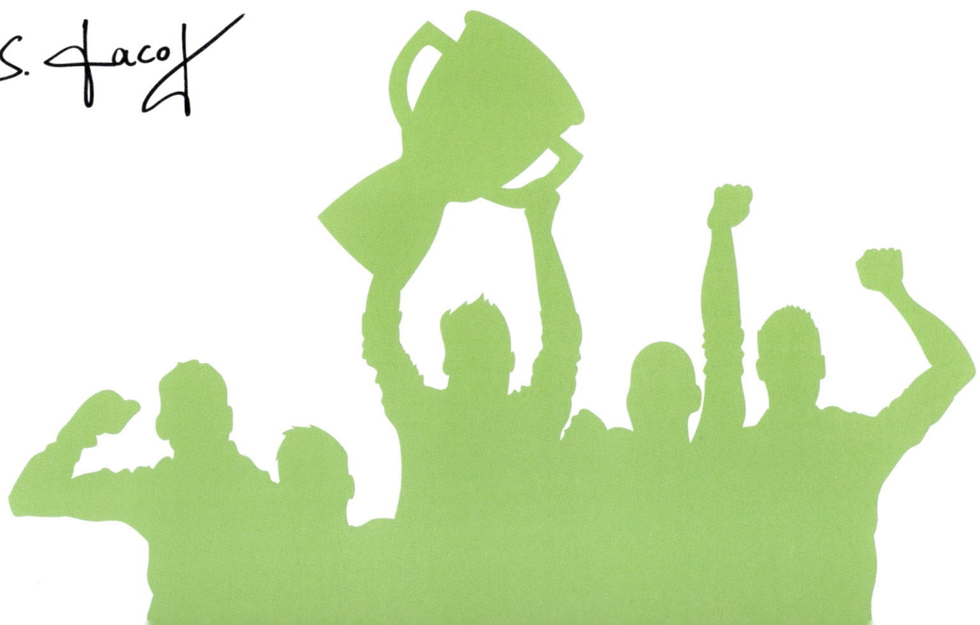

Anmerkungen zum Gebrauch:

- Dieses Buch beschäftigt sich mit der 1. Fußball-Bundesliga der Herren in Deutschland, die mit Abschluss der Saison 2022/2023 bereits 60 Spielzeiten durchlaufen hat. Wenn im Text das Wort „Bundesliga" auftaucht, ist stets von dieser Liga die Rede, nicht etwa von der 2. Fußball-Bundesliga, der Frauen-Bundesliga oder der Fußball-Bundesliga in Österreich etc.

- Wenn im Buch Vereine bzw. Clubs namentlich Erwähnung finden, werden häufig auch Bezeichnungen aus der Umgangssprache genutzt, nicht die offiziellen und vollständigen Vereinsnamen. Außerdem haben wir es fast überall vermieden, eine Unterscheidung zwischen den eigentlichen Vereinen und den ausgegliederten Kapitalgesellschaften für den Profisport zu machen.

- Wenn innerhalb der Fragen oder Antworten im Buch Unternehmen auftauchen – etwa als Sponsoren oder Ausstatter der Fußballclubs – versteht sich das explizit nicht als Werbung für diese Betriebe.

- Wir haben uns Mühe gegeben, Hintergründe und Fakten sauber zu recherchieren. Bei unauflösbaren Widersprüchen in den Quellen findet man Hinweise hierzu in den Texten. Fehler sind aber menschlich und konstruktive Kritik ist uns willkommen. Zuschriften in diesem Kontext bitte an *sebastian.jacoby@gmail.com*.

Danke und Anpfiff!

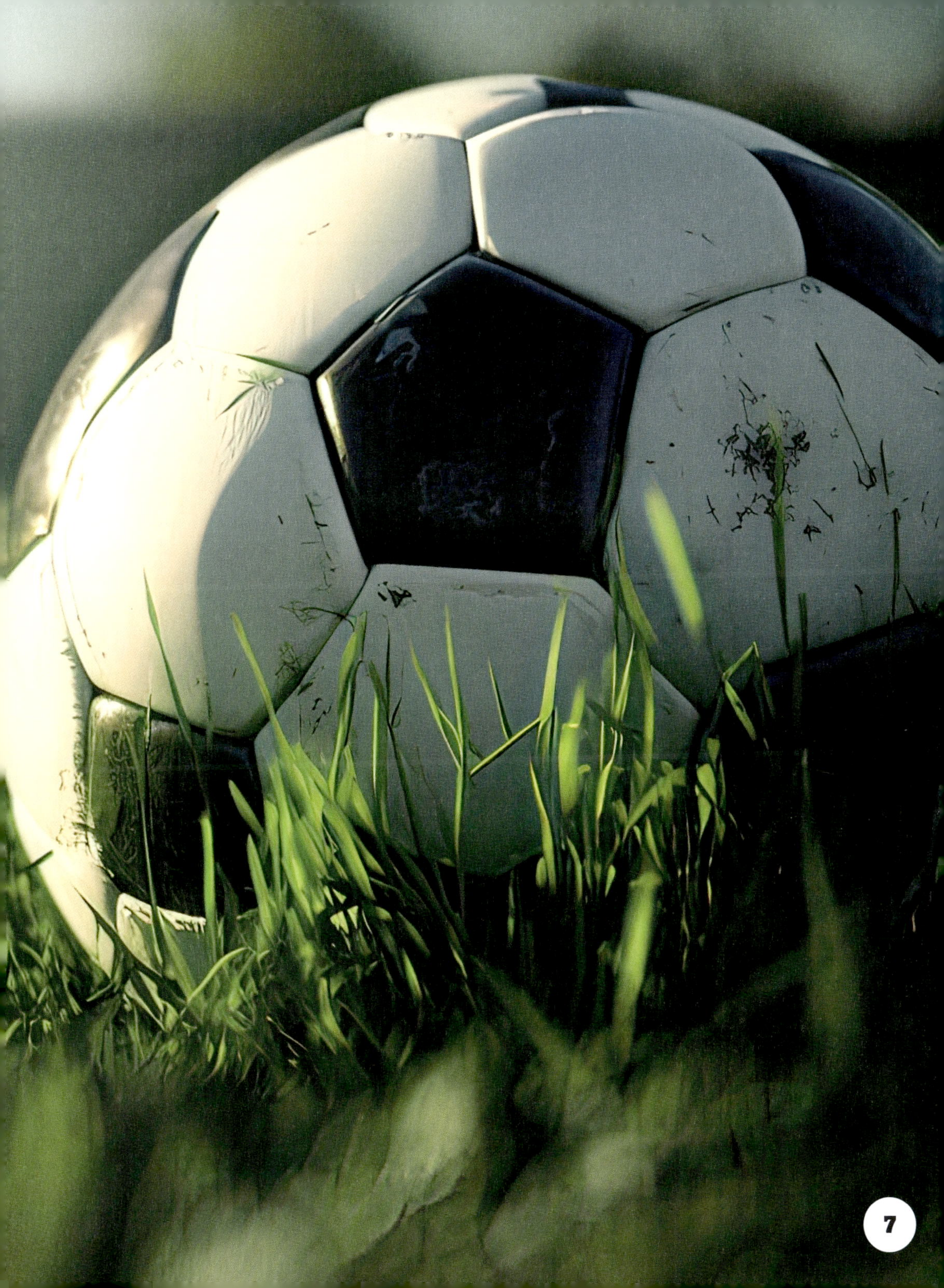

Aufwärmtraining

1 Zwölf Spielzeiten waren die Mecklenburger im Oberhaus vertreten: Welcher spätmittelalterliche Schiffstyp ziert das Vereinswappen des F.C. Hansa Rostock?

2 Welcher Verein der Fußball-Bundesliga wird von seinen Anhängern seit 1927 gern mit dem Schlachtruf „Ha-Ho-He!" angefeuert?

3 Keine graue Maus, sondern eine blaue Maus: Welchen Namen trägt das Maskottchen des VfL Bochum, das vor allem junge Fans an den Verein binden soll?

- **A** Bobbi Bolzer
- **B** Pit Pöhler
- **C** Kalle Kicker

4 Das Maskottchen welches Gründungsmitglieds der Bundesliga heißt Willi Wildpark?

5 Welchen Begriff verbinden Journalisten und Fans der Bundesliga gern mit der folgenden Aufzählung: Reinhold Wosab (1965), Arne Larsen Økland (1981), Thomas Helmer (1994), Stefan Kießling (2013)?

6 Welcher Verein trug seine Heimspiele in insgesamt sieben Spielzeiten in der 1. Bundesliga im Georg-Melches-Stadion an der Hafenstraße aus?

7 Wer ist noch immer Rekordhalter für die meisten Bundesligaspiele in Serie? 422 Partien ohne zwischenzeitlichen Ausfall absolvierte der gesuchte Niederbayer, der im Anschluss an seine Karriere die Biographie „Ich bin doch kein Tor" veröffentlichte.

8 Bei Heimspielen des FC Augsburg in der Bundesliga erhalten die Gastmannschaften – fast schon traditionell – keinen Wimpel, sondern …?

A **Eine jährlich wechselnde Marionette der Augsburger Puppenkiste**

B **Eine versilberte Zirbelnuss, wie sie im Augsburger Wappen zu sehen ist**

C **Einen Zwetschgendatschi, da diese Spezialität angeblich in der Fuggerstadt erfunden wurde**

9

Welcher Verein war der erste, der seinen Titel in der Fußball-Bundesliga in der nächsten Spielzeit verteidigen konnte?

A FC Bayern München
B Hamburger SV
C Borussia Mönchengladbach

10

Wie lautet der eigentliche Vorname des Hertha-Idols „Ete" Beer, der von der Presse auch gern „Berliner Beer" genannt wurde und für die Alte Dame 83 Tore in 253 Bundesligapartien erzielte?

A Erich
B Erwin
C Elmar

11

Welches ist das einzige Bundesligastadion mit einem eigenen Bootsanleger und bietet Fans daher die Chance, Partien auf dem Wasserweg anzusteuern?

A BayArena (Leverkusen)
B Weserstadion (Bremen)
C Mewa Arena (Mainz)

12

Engelbert Kupka war von 1973 bis 2012 und damit für stolze 39 Jahre Präsident welches Sportvereins, dessen Fußballabteilung unter seiner Ägide auch zwei ereignisreiche Jahre in der Bundesliga verleben konnte? Zum gesuchten Verein gehört übrigens – wie man am Vereinswappen erkennen kann – auch eine erfolgreiche Abteilung Bobsport.

13

Gemessen an der Lage der aktuellen Geschäftsstelle: Welcher Verein ist der geografisch nördlichste, der je in der Bundesliga gespielt hat?

A Hansa Rostock
B FC St. Pauli
C Hamburger SV

14

Die Geschäftsstelle welches Fußball-Bundesligisten bzw. seiner ausgegliederten Gesellschaft für den Profi-Sport hat seit 2021 die Postanschrift „Im Herzen von Europa 1"?

15

Welcher dieser Vereine ist bereits einmal aus der Fußball-Bundesliga abgestiegen?

A TSG 1899 Hoffenheim
B 1. FSV Mainz 05
C FC Augsburg

16

Der höchste Sieg in der Geschichte der Fußball-Bundesliga ist nach wie vor ein 12:0 von Borussia Mönchengladbach gegen Borussia Dortmund. Welche beiden mehrfachen Meistertrainer betreuten die Teams bei diesem Match?

17 In den 60 Meisterschaften, die seit Einführung der Fußball-Bundesliga ausgespielt wurden, ging der Titel 34-mal nach Bayern und 12-mal nach Nordrhein-Westfalen. Aber welches deutsche Bundesland belegt in dieser Statistik Rang 3?

A Bremen
B Niedersachsen
C Baden-Württemberg

18 Wie hieß der spätere DFB-Präsident aus dem Saarland, der – auch vor dem Hintergrund des Viertelfinal-Ausscheidens der Nationalmannschaft bei der WM 1962 in Chile – neben Bundestrainer Sepp Herberger zu den stärksten Befürwortern der Schaffung einer einheitlichen höchsten Spielklasse gehörte?

19 Wer ist mit drei Meistertiteln der erfolgreichste ausländische Cheftrainer der Bundesligageschichte?

20 Bei welchem Bundesligisten agierte mit Britta Steilmann, der Tochter des langjährigen Präsidenten Klaus Steilmann, erstmals eine Frau auf dem Managerposten?

21 In welcher Großstadt wurden über 100 Bundesligaspiele ausgetragen, obwohl sie nie einen Erstligisten beheimatete?

A Wiesbaden
B Ludwigshafen
C Bonn

22 Die Torhymne welches Fußball-Bundesligisten ist der Hit „Sieben Tage lang" der niederländischen Band Bots, der wiederum auf einem bretonischen Volkslied namens „Son ar chistr" (Deutsch: „Lied vom Cidre") basiert?

A Eintracht Frankfurt
B TSG 1899 Hoffenheim
C FC Augsburg

23 Mit welchen Edelsteinen ist die Meisterschale verziert?

A Mit Nephriten
B Mit Topasen
C Mit Turmalinen

24 Hier kommt Aleks: Von welchem Trainer, der mit seinen Mannschaften drei Aufstiege in die Bundesliga feiern konnte und die Schiedsrichter gern mit Bonbons versorgte, stammt das Zitat „Wenn man ein 0:2 kassiert, dann ist ein 1:1 nicht mehr möglich!"?

25

Vor dem Volksparkstadion erinnert eine Bronzestatue an ihn. Das Maskottchen des HSV ist nach ihm benannt. Obwohl kein Spieler, wurde zu seinen Ehren ein Abschiedsspiel veranstaltet. 2011 wurde er als „Hamburger des Jahres" ausgezeichnet, und ein Fanclub der Rothosen trägt noch heute – fast zehn Jahre nach seinem viel zu frühen Tod – seinen Namen. Welcher Physiotherapeut aus Oberbayern galt in Hamburg als „Kultmasseur"?

26

In welcher Räumlichkeit auf dem Gelände der Dortmunder Westfalenhallen wurde am 28. Juli 1962 die Einführung der Bundesliga durch den DFB-Bundestag beschlossen?

A Goldsaal
B Kaisersaal
C Prunksaal

27

Das „Wuhlesyndikat", die „Hammerhearts" und die „East Devils" sind Ultra-Fangruppen welches aktuellen Bundesligavereins?

28

Wie viele Spielzeiten der Bundesliga wurden mit 16 statt der später üblichen 18 Mannschaften ausgetragen?

A Zwei Spielzeiten

B Drei Spielzeiten

C Vier Spielzeiten

29

Gerd Müller, Miroslav Klose und Thomas Müller sind zu leicht: Welche beiden Torschützenkönige von Fußball-Weltmeisterschaften ohne deutschen Pass zeigten ihr Können auch in Spielen der Bundesliga?

30

Welcher Verein ist zurzeit sowohl geteilter Rekordaufsteiger in die Bundesliga als auch alleiniger Rekordabsteiger aus der Bundesliga?

A Fortuna Düsseldorf

B 1. FC Nürnberg

C Arminia Bielefeld

Saison 1963/1964

31 In der aktuellen Saison (2022/2023) spielen sie nur drittklassig. Welcher Verein konnte in der Saison 1963/1964 noch unter anderem Namen mit der deutschen Vizemeisterschaft seine bis heute beste Abschlussplatzierung in der Bundesliga feiern?

32 Er war ausgebildeter Mechaniker, nicht Kurzwarenhändler: Wer wurde 1963/1964 mit dem „weißen Ballett" des 1. FC Köln erster Meistertrainer der Bundesliga?

33

Friedhelm „Timo“ Konietzka erzielte am 24.08.1963 für Borussia Dortmund im Spiel gegen Werder Bremen das erste Tor in der Geschichte der Fußball-Bundesliga. Zu welcher Uhrzeit fiel der Treffer, von dem es leider keine Fernsehbilder gibt?

A 17:00 Uhr

B 18:30 Uhr

C 15:30 Uhr

34

Wer bestritt in der Saison 1963/1964 alle 30 Saisonspiele für Preußen Münster?

A Dagmar Drewes

B Erna Engelke

C Fride Fiedler

INFOS

Meister: 1. FC Köln
Absteiger: 1. FC Saarbrücken, Preußen Münster
Pokalsieger: TSV 1860 München
Fußballer des Jahres (D): Uwe Seeler (Hamburger SV, Sturm)
Torschützenkönig: Uwe Seeler (Hamburger SV), 30

Saison 1964/1965

35 Für welchen Verein lief „der Boss", Helmut Rahn, in der Saison 1964/1965 in schon fortgeschrittenem Fußballeralter zu seinem letzten von insgesamt nur 19 Bundesliga-spielen auf?

A MSV Duisburg

B 1. FC Köln

C Borussia Neunkirchen

36 In der Saison 1964/1965 gab es einmalig in der Ligageschichte einen Absteiger, der sportlich die Klasse gehalten hätte. Welche Mannschaft wurde wegen unerlaubt hoher Handgelder und Gehaltszahlungen in die damals zweitklassige Regionalliga zurückgestuft?

37

Mit José Gilson Rodriguez spielte 1964/1965 erstmals ein Brasilianer in der Fußball-Bundesliga. Unter welchem Namen bestritt er fünf Spiele für den 1. FC Köln?

A Gígí
B Vává
C Zézé

38

Am 13.02.1965 setzte der Hamburger SV im Nord-Derby gegen Werder Bremen zwei Brüderpaare ein. Welchen Nachnamen trugen die beiden Brüder, die neben Uwe und Dieter Seeler zu dieser Konstellation beitrugen?

INFOS

Meister: Werder Bremen
Absteiger: Siehe Frage Nr. 36
Pokalsieger: Borussia Dortmund
Fußballer des Jahres (D): Hans Tilkowski (Borussia Dortmund, Tor)
Torschützenkönig: Rudolf Brunnenmeier (TSV 1860 München), 24

Saison 1965/1966

39 Gleich zum Auftakt der dritten Saison der Fußball-Bundesliga kam es zum allerersten Stadtderby der Ligageschichte. In welchem Stadion duellierten sich der spätere Meister und der spätere Pokalsieger am 14. August 1965?

40 Was war das Besondere an der Partie zwischen Tasmania 1900 Berlin und Eintracht Braunschweig in der Saison 1965/1966?

- **A** Fand am 31.12. statt
- **B** Gespielt wurde in Potsdam
- **C** Weniger als 1.000 Zuschauer

41 In der Saison 1965/1966 stellte Tasmania 1900 Berlin viele auch heute noch gültige Negativrekorde in der Bundesliga auf. Was war aber die beste Tabellenplatzierung der Mannschaft im Laufe dieser Spielzeit?

- **A** Platz 18
- **B** Platz 5
- **C** Platz 2

42 Zur Saison 1965/1966 schloss die ARD erstmals einen Vertrag mit dem DFB über die Übertragungsrechte der Bundesliga im Fernsehen ab. Welchen Betrag in Deutschen Mark musste die öffentlich-rechtliche Anstalt damals für die Rechte überweisen (+/- 20 %)?

INFOS

Meister: Siehe Frage Nr. 39
Absteiger: Borussia Neunkirchen, Tasmania Berlin
Pokalsieger: Siehe Frage Nr. 39
Fußballer des Jahres (D): Franz Beckenbauer (FC Bayern München, Mittelfeld)
Torschützenkönig: Lothar Emmerich (Borussia Dortmund), 31

Saison 1966/1967

43 Zur Saison 1966/1967 wechselte ein Spieler von der SpVgg Kaufbeuren zum FC Bayern München, der vom damaligen Bayern-Trainer Tschik Cajkovski in der Vorbereitung mit den Worten „Da ist einer, der hat Kraft wie Muh" angekündigt worden war. Von welchem Spezialisten für Finalspiele im Europapokal ist die Rede?

44 1966/1967 wurde Eintracht Braunschweig einigermaßen unerwartet Deutscher Meister. Welche bis heute gültige negative Bestmarke für einen Titelträger stellte das Team dabei auf?

- **A** Wenigste geschossene Tore
- **B** Wenigste Punkte
- **C** Wenigste Siege

45 Eine der längsten Sperren in der Geschichte der Fußball-Bundesliga wurde gegen Friedhelm „Timo" Konietzka ausgesprochen. Mit welchem Vergehen handelte er sich in der Saison 1966/1967 ein halbes Jahr „spielfrei" ein?

- **A** Tätlichkeit gegen den Schiedsrichter
- **B** Verhöhnung des Publikums
- **C** Absichtliches „Abschießen" der gegnerischen Ersatzbank

46 Wegen seines losen Mundwerks wurde er in Anlehnung an Muhammad Ali (Geburtsname: Cassius Marcellus Clay Jr.) auch „Cassius" genannt: Wer wurde am letzten Spieltag der Saison 1966/1967 zum ersten Torhüter, dem in der Bundesliga ein Treffer gelang?

INFOS

Meister: Eintracht Braunschweig
Absteiger: Fortuna Düsseldorf, Rot-Weiss Essen
Pokalsieger: FC Bayern München
Fußballer des Jahres (D): Gerd Müller (FC Bayern München, Sturm)
Torschützenkönige: Lothar Emmerich (Borussia Dortmund), Gerd Müller (FC Bayern München), 28

Saison 1967/1968

47 Welcher stets umstrittene Übungsleiter wurde mit dem 1. FC Nürnberg in der Saison 1967/1968 Meister und somit zum ersten Trainer, dem dies mit zwei verschiedenen Vereinen in der Bundesliga gelang?

48 In der Saison 1967/1968 erlaubten die Bundesliga-Statuten erstmals die Auswechslung eines verletzten Spielers pro Partie. Zur Wechselpremiere kam es am ersten Spieltag im Duell Werder Bremen gegen den HSV. Auf welcher Position vollzog der HSV den Spielertausch Özcan Arkoç gegen Erhard Schwerin?

A Torhüter

B Mittelstürmer

C Innenverteidiger

INFOS

Meister: 1. FC Nürnberg

Absteiger: Borussia Neunkirchen, Karlsruher SC

Pokalsieger: 1. FC Köln

Fußballer des Jahres (D): Franz Beckenbauer (FC Bayern München, Mittelfeld)

Torschützenkönig: Hannes Löhr (1. FC Köln), 27

49

Nach 15 Spielen in der Saison 1967/1968 hatte ein Stürmer bereits 19 Tore erzielt und wurde erstmals für die Nationalmannschaft nominiert. Mit dieser bestritt er das gerne vergessene 0:0 in der EM-Qualifikation in Albanien, bevor er im Januar 1968 im Training einen Schien- und Wadenbeinbruch erlitt. Wie heißt der Spieler von Borussia Mönchengladbach, der nach der Verletzung nie wieder zu alter Stärke zurückfinden konnte?

A Jürgen Schulz

B Hans Schmidt

C Peter Meyer

50

Franz Brungs trug in der Spielzeit 1967/1968 mit 25 Saisontreffern wesentlich zum Titelgewinn des 1. FC Nürnberg bei. Allein fünf Tore gelangen ihm im Heimspiel gegen den FC Bayern mit Torhüter Sepp Maier (Endstand: 7:3), keines davon per Kopf. Welchen „glänzenden" Spitznamen gab man Brungs dennoch aufgrund seiner Fähigkeiten im Kopfballspiel?

Saison 1968/1969

51 Die Saison 1968/1969 war die letzte Spielzeit in der Fußball-Bundesliga, in der bei Punktgleichheit zweier Mannschaften nicht die Tordifferenz zur Anwendung kam, sondern …?

A Die Torsumme

B Der Torquotient

C Das Torprodukt

52 Welchen unglaublichen Rekord stellte Meister Bayern München in der Saison 1968/1969 auf?

A Gewann fünf Spiele durch Eigentore des Gegners

B Kassierte kein Gegentor nach der 70. Minute

C Setzte nur 13 Spieler ein

53 Bis auf die fehlende Spannung im Titelkampf verlief die Saison 1968/1969 sehr ausgeglichen. Welches aktuell (Saison 2022/2023) nur noch viertklassig spielende Team wurde acht Punkte hinter dem FC Bayern München, aber nur zehn Punkte vor dem Tabellenletzten Vizemeister?

54 Lyrik fehlt uns auf diesen Seiten noch, weshalb man verzeihen mag, dass es sich ausnahmsweise um ein Pokalspiel dreht und der Titel auf die Vorsaison hinweist: Welcher spätere Nobelpreisträger für Literatur veröffentlichte 1969 das Ready-Made-Gedicht „Die Aufstellung des 1. FC Nürnberg vom 27.1.1968"?

INFOS

Meister: FC Bayern München
Absteiger: 1. FC Nürnberg, Kickers Offenbach
Pokalsieger: FC Bayern München
Fußballer des Jahres (D): Gerd Müller (FC Bayern München, Sturm)
Torschützenkönig: Gerd Müller (FC Bayern München), 30

Saison 1969/1970

55 Welches Tier hatte am 4. Spieltag der Saison 1969/1970 einen für einen späteren Erfolgstrainer schmerzhaften Auftritt?

56 Welcher bis heute gültige Bundesliga-Rekord wurde am 6. Spieltag der Saison 1969/1970 in der Partie Hertha BSC gegen den 1. FC Köln aufgestellt?

A Geringstes Durchschnittsalter der eingesetzten Spieler
B Meiste Zuschauer in einem Spiel
C Höchste Anzahl ausgeführter Ecken

57 In der Saison 1969/1970 bestritt Peter Nogly die ersten von über 300 Bundesligapartien für den Hamburger SV. Unter welchem Spitznamen war der Verteidiger auch bekannt?

A Eiche
B Tanne
C Fichte

58 Kurioser Double-Gewinner: 1969/1970 gehörte er zum Meisterkader von Borussia Mönchengladbach und wechselte nach der Saison zu Kickers Offenbach. Da das DFB-Pokal-Finale 1969/70 aus Termingründen erst nach dem Start der neuen Saison ausgetragen wurde, konnte er dort ebenfalls mitwirken und gewann mit seinem neuen Verein auch den Pokal. Zwei Jahrzehnte später prägte er als Trainer das erfolgreichste Jahrzehnt eines weiteren Bundesligisten. Wer ist gesucht?

INFOS

Meister: Borussia Mönchengladbach
Absteiger: TSV 1860 München, Alemannia Aachen
Pokalsieger: Kickers Offenbach
Fußballer des Jahres (D): Uwe Seeler (Hamburger SV, Sturm)
Torschützenkönig: Gerd Müller (FC Bayern München), 38

Saison 1970/1971

59 Auf welchem Berg brach während eines Bundesligaspiels am 3. April 1971 der hölzerne Torpfosten, was u. a. dazu führte, dass von da an nur noch Tore aus Aluminium in der höchsten deutschen Spielklasse zum Einsatz kamen?

A Betzenberg
B Bieberer Berg
C Bökelberg

60 Der damalige Präsident von Kickers Offenbach, Horst-Gregorio Canellas, brachte auf einer Gartenparty zu seinem 50. Geburtstag die Aufdeckung des Bundesligaskandals in der Saison 1970/1971 ins Rollen. Zu welcher Personengruppe gehörte er später?

A Fackelträger bei den Olympischen Spielen in München
B Passagiere an Bord der entführten „Landshut"
C Erste Bundestagsabgeordnete der Grünen

61 Welcher Mittelfeldakteur von Rot-Weiß Oberhausen sicherte sich 1970/1971 die Torjägerkanone mit 24 Treffern – zwei mehr als Gerd Müller – erhielt sie aber aufgrund des Bundesligaskandals, obwohl selbst unbelastet, erst 36 Jahre später aus den Händen der Verantwortlichen des Kicker?

62 Da die Verwarnung ungerechtfertigt war, musste er sich möglicherweise die Haare raufen: Welcher spätere Trainer der beiden Kölner Bundesligisten – bei den Geißböcken allerdings nur interimsweise – erhielt am 22. Januar 1971 die allererste Gelbe Karte der Bundesligageschichte?

INFOS

Meister: Borussia Mönchengladbach
Absteiger: Kickers Offenbach, Rot-Weiss Essen
Pokalsieger: FC Bayern München
Fußballer des Jahres (D): Berti Vogts (Borussia Mönchengladbach, Abwehr)
Torschützenkönig: Siehe Frage Nr. 61 (Rot-Weiß Oberhausen), 24

Saison 1971/1972

63 Am letzten Spieltag der Saison 1971/1972 kam es zu einer Art Endspiel um den Titel. Wen besiegte der FC Bayern München im allerersten Bundesligaspiel im neu errichteten Olympiastadion mit 5:1 und sicherte sich so die Meisterschaft?

64 Wer oder was war vor dem Auswärtsspiel von Borussia Mönchengladbach beim 1. FC Köln in der Saison 1971/1972 aus ungeklärten Gründen plötzlich verschwunden, tauchte aber nach der Partie wieder auf?

A Ein als Maskottchen fungierendes Pony

B Der Co-Trainer

C Der Mannschaftsbus

65 Ein Treffer welches Spielers von Borussia Mönchengladbach beim 7:0-Heimsieg am 12. Spieltag 1971/1972 gegen Schalke 04 wurde zum ersten „Tor des Jahres" in der ARD-Sportschau gekürt?

A Christian Kulik

B Ulrik le Fevre

C Klaus-Dieter Sieloff

66 Dass Günter Netzer in der Innenstadt von Mönchengladbach die Diskothek „lovers' lane" betrieb, ist für Kenner kein Geheimnis. Weniger bekannt ist vielleicht, dass er in der Saison 1971/1972 zusätzlich ein Restaurant in seiner Heimatstadt eröffnete. Wie hieß das Etablissement?

INFOS

Meister: FC Bayern München

Absteiger: Borussia Dortmund, Arminia Bielefeld

Pokalsieger: FC Schalke 04

Fußballer des Jahres (D): Günter Netzer (Borussia Mönchengladbach, Mittelfeld)

Torschützenkönig: Gerd Müller (FC Bayern München), 40

Saison 1972/1973

67 Zur Saison 1972/1973 wechselte Michael Lameck von Schwarz-Weiß Essen in die Bundesliga zum VfL Bochum, für den er bis 1988 mehr als 500 Spiele absolvieren sollte. Welches Scheuermittel, mit dem er als Kind nach dem Bolzplatzbesuch häufig geschrubbt wurde, sorgte für Lamecks populären Spitznamen?

A Ata
B Vim
C Fif

68 Zum Meisterkader des FC Bayern München in der Saison 1972/1973 gehörte Gernot Rohr. Mit welchem Verein stand er in seiner späteren Trainerkarriere dem deutschen Rekordmeister in einem internationalen Finale gegenüber?

A FC Porto
B Aston Villa
C Girondins Bordeaux

69 1972/1973 konnte Aufsteiger Wuppertaler SV sensationell den vierten Tabellenplatz belegen und sich damit für den UEFA-Cup in der folgenden Saison qualifizieren. Welcher Stürmer trug mit 21 Toren maßgeblich zu diesem Erfolg bei?

70 Willi Schulz machte 263 Bundesligaspiele für Schalke und den HSV. Noch bekannter dürfte der „Ausputzer" aber für seine 66 Länderspiele – davon 20 als DFB-Kapitän – und seinen Spitznamen „World-Cup-Willi" sein, den er zur WM 1966 erhielt. Für einen nationalen oder internationalen Titel reichte es jedoch nie ... halt! ... da war noch was: Nach seinem Abschiedsspiel holte Schulz mit den Rothosen zum Ende der Saison 1972/1973 doch noch eine Trophäe. Welchen Wettbewerb, der erst 1997 zum zweiten Mal ausgetragen wurde, gewann er?

INFOS

Meister: FC Bayern München
Absteiger: Eintracht Braunschweig, Rot-Weiß Oberhausen
Pokalsieger: Borussia Mönchengladbach
Fußballer des Jahres (D): Günter Netzer (Borussia Mönchengladbach, Mittelfeld)
Torschützenkönig: Gerd Müller (FC Bayern München), 36

Saison 1973/1974

71 Eine der spektakulärsten Partien der Bundesligageschichte fand am 12. Spieltag der Saison 1973/1974 in Kaiserslautern statt. Mit welchem Ergebnis gewann der 1. FC Kaiserslautern trotz eines Drei-Tore-Rückstandes gegen den FC Bayern München?

72 1973/1974 konnten die Fortunen aus Düsseldorf den Erfolg aus der Vorsaison wiederholen und erneut Platz 3 in der Abschlusstabelle der Bundesliga belegen. Auch der beste Torschütze des Vereins in der Liga blieb identisch und erzielte – auch wie in der Spielzeit zuvor – 16 Treffer. Welcher Goalgetter war es?

A Klaus Budde
B Dieter Herzog
C Reiner Geye

73 1973/1974 war die einzige Saison, die der SC Fortuna Köln in der 1. Fußball-Bundesliga absolvieren konnte. Der direkte Wiederabstieg wurde allerdings erst am letzten Spieltag besiegelt, als der Wuppertaler SV noch an den Südstädtern vorbeizog. Welcher deutsche Olympiasieger in der Leichtathletik und Sportler des Jahres 1964 trainierte die Fortuna zum Ende ihrer einzigen Spielzeit im Oberhaus?

74 Erwin Kremers wurde wegen einer Roten Karte im letzten Spiel der Saison 1973/1974 nicht für die anschließende Weltmeisterschaft nominiert. „X Y" hatte er den Schiedsrichter genannt, was dieser absichtlich zweimal überhörte. Erst als Kremers hinterhersetzte „Noch einmal für Doofe: Sie sind eine X Y!" war er schließlich fällig. Für welche Beleidigung steht „X Y" ?

A Blöde Sau
B Blinde Nuss
C Dumme Kuh

INFOS

Meister: FC Bayern München
Absteiger: Fortuna Köln, Hannover 96
Pokalsieger: Eintracht Frankfurt
Fußballer des Jahres (D): Franz Beckenbauer (FC Bayern München, Abwehr)
Torschützenkönige: Jupp Heynckes (Borussia Mönchengladbach), Gerd Müller (FC Bayern München), 30

Saison 1974/1975

75 Nach Einführung der zunächst noch zweigleisigen 2. Bundesliga gab es in der Saison 1974/1975 erstmals drei statt zwei sportliche Absteiger aus dem Oberhaus. Welchen späteren mehrfachen Meister erwischte es damals als ersten „Drittletzten"?

A Werder Bremen

B VfB Stuttgart

C 1. FC Kaiserslautern

76 Wer stand ab der Spielzeit 1974/1975 insgesamt zehn Jahre im Tor des 1. FC Kaiserslautern und wurde erst 2022 von Yann Sommer als ausländischer Torhüter mit den meisten Bundesligapartien abgelöst?

77

Zur Spielzeit 1974/1975 stieg der Berliner Traditionsverein Tennis Borussia erstmals in die Bundesliga auf. Schon als die Veilchen am 9. April 1902 gegründet wurden, tauchte Fußball im Vereinsnamen nicht auf, wohl aber eine weitere Sportart neben Tennis. Welche?

A Krocket

B Ping-Pong

C Faustball

78

Nach dem ersten Spieltag der Bundesligasaison 1974/1975 belegte der FC Bayern München tatsächlich den letzten Tabellenplatz. Gegen wen verlor der damals amtierende Europapokalsieger der Landesmeister sein Auftaktmatch mit 0:6?

INFOS

Meister: Borussia Mönchengladbach

Absteiger: Siehe Frage Nr. 75, Tennis Borussia Berlin, Wuppertaler SV

Pokalsieger: Eintracht Frankfurt

Fußballer des Jahres (D): Sepp Maier (FC Bayern München, Tor)

Torschützenkönig: Jupp Heynckes (Borussia Mönchengladbach), 27

Saison 1975/1976

79 „Was würden Sie machen, wenn Sie die Wahl zwischen einem Fahrrad und einem Mercedes hätten?", sagte Udo Lattek vor der Saison 1975/1976, um zu erklären, warum er nach seiner Entlassung bei den Bayern trotz eines unterschriebenen Vertrages nicht ins Ruhrgebiet, sondern auf die linke Rheinseite wechselte. Welcher Verein war das „Fahrrad" und welcher der „Mercedes"?

80 Borussia Dortmund spielte damals nur in der 2. Bundesliga. Welcher Verein war in der Saison 1975/1976 wegen Bauarbeiten am eigenen Stadion „Heimmannschaft" im allerersten Match der 1. Bundesliga im Dortmunder Westfalenstadion und bestritt dies ausgerechnet gegen den FC Schalke 04?

81 Nach einem schweren Verkehrsunfall mit seinem Ferrari Dino 246 GTS irrte er verletzt und verwirrt stundenlang durch den Wald. Welcher Stürmer verpasste dadurch trotz 22 geschossener Tore in der Saison 1975/1976 die EM-Endrunde, räumte aber freimütig ein „Dieser Unfall war mir eine Lehre fürs Leben. Das Fahren schneller Wagen überlasse ich künftig denen, die es auch wirklich können."?

- **A** Klaus Toppmöller
- **B** Jupp Heynckes
- **C** Horst Hrubesch

82 Am 5. Spieltag der Saison 1975/1976 endete eine heute undenkbare Fair-Play-Serie. Wolfgang Grzyb erhielt nach einer Auseinandersetzung mit dem Schiedsrichter die Rote Karte und beendete damit eine seit dem Bundesligastart 1963 andauernde platzverweisfreie Zeit welches Vereins?

- **A** Eintracht Braunschweig
- **B** MSV Duisburg
- **C** Hamburger SV

INFOS

Meister: Borussia Mönchengladbach
Absteiger: Hannover 96, Kickers Offenbach, Bayer Uerdingen
Pokalsieger: Hamburger SV
Fußballer des Jahres (D): Franz Beckenbauer (FC Bayern München, Abwehr)
Torschützenkönig: Klaus Fischer (FC Schalke 04), 29

Saison 1976/1977

83 Welcher Belgier wurde in dieser Saison zum ersten „Millioneneinkauf" der Fußball-Bundesliga?

A Op Buude
B De Toor
C Van Gool

84 Auf jeden Fall sorgte er damit für Aufmerksamkeit: Mit welcher „farbigen" Maßnahme wollte HSV-Manager Peter Krohn in der Spielzeit 1976/1977 „mehr Frauen ins Stadion locken"?

85 Auch Günter Netzer („Den pusten sie doch in der Bundesliga um.") und Hennes Weisweiler („Das wird nie einer.") konnten irren. Welcher derart kritisierte nur 1,65 m große Offensivspieler wurde nicht nur von 1975–1977 dreimal Meister mit den Fohlen, sondern konnte sich auch nach der Saison 1976/1977 über die Ehrung zu „Europas Fußballer des Jahres" freuen?

86 Bei welchem Gegner lag der FC Bayern München am sechsten Spieltag der Saison 1976/1977 mit 0:4 zurück, konnte die Partie jedoch nach einer der spektakulärsten Aufholjagden der Bundesligageschichte mit 6:5 gewinnen?

A Borussia Dortmund
B VfL Bochum
C MSV Duisburg

INFOS

Meister: Borussia Mönchengladbach
Absteiger: Karlsruher SC, Tennis Borussia Berlin, Rot-Weiss Essen
Pokalsieger: 1. FC Köln
Fußballer des Jahres (D): Sepp Maier (FC Bayern München, Tor)
Torschützenkönig: Dieter Müller (1. FC Köln), 34

Saison 1977/1978

87 Welcher ausgesprochen erfolgreiche deutsche Trainer kam in seiner Zeit als Spieler auf lediglich 22 Einsätze in der Bundesliga, die alle in die Saison 1977/1978 fielen?

A Ottmar Hitzfeld

B Joachim Löw

C Christoph Daum

88 Skurril, aber wahr: Im Herbst 1977 tauschten Eintracht Frankfurt und Bayern München während der laufenden Saison und nur wenige Tage nach dem direkten Duell in der Liga die Trainer. Fußball-Professor gegen Schleifer: Welche beiden Übungsleiter waren in den Ringtausch einbezogen?

89 Der bis heute einzige Sechserpack in der Bundesliga-Geschichte gelang Dieter Müller für den 1. FC Köln am 17. August 1977. Aber gegen welchen Verein erzielte Müller das halbe Dutzend?

A Fortuna Düsseldorf

B Werder Bremen

C FC St. Pauli

90 Otto Knefler, Rolf Schafstall, Herbert Burdenski, Friedhelm Wenzlaff und für ein wenig Kontinuität ab dem 17. Spieltag Carl-Heinz Rühl: Welcher Verein beschäftigte 1977/1978 gleich fünf Cheftrainer? Eingestellt wurde diese Marke erst in der Spielzeit 2020/2021 vom FC Schalke 04.

INFOS

Meister: 1. FC Köln

Absteiger: TSV 1860 München, 1. FC Saarbrücken, FC St. Pauli

Pokalsieger: 1. FC Köln

Fußballer des Jahres (D): Sepp Maier (FC Bayern München, Tor)

Torschützenkönige: Dieter Müller (1. FC Köln), Gerd Müller (FC Bayern München), 24

Saison 1978/1979

91

Welche statistische Einmaligkeit geschah in der Saison 1978/1979?

A Alle Vereine hatten am Saisonende acht oder neun Unentschieden.

B Die drei Aufsteiger stiegen direkt wieder ab.

C Kein Verein hatte eine Tordifferenz besser als +15 oder schlechter als -15.

92

Während seiner Zeit beim Hamburger Sport-Verein wurde Kevin Keegan nicht nur Deutscher Meister und zweifacher Fußballer des Jahres in Europa, sondern auch halbwegs erfolgreicher Sänger. Mit welchem Titel, den „Mighty Mouse" zusammen mit Chris Norman von Smokie aufgenommen hatte, kam der Stürmerstar im Juni 1979 auf Platz 10 der deutschen Single-Charts?

93

Schon zur Saison 1978/1979 wollte der damalige HSV-Manager Günter Netzer den österreichischen Erfolgstrainer und „notorischen Grantler" Ernst Happel in die Bundesliga holen. Warum scheiterte Netzers erster Anlauf mit Happel letztlich am DFB?

A Ausgehandeltes Gehalt über der Obergrenze

B Fehlende deutsche Trainerlizenz

C Frühere Mitgliedschaft in der Kommunistischen Partei Österreichs

94

Mit Eintracht Frankfurt (1980) und Bayer Leverkusen (1988) konnte der Südkoreaner Cha Bum-Kun den UEFA-Cup gewinnen. Doch für welchen Verein bestritt er bereits in der Saison 1978/1979 ein Bundesligaspiel, bevor er in sein Heimatland zurückkehren musste, um dort den Wehrdienst zu absolvieren?

INFOS

Meister: Hamburger SV
Absteiger: Arminia Bielefeld, 1. FC Nürnberg, SV Darmstadt 98
Pokalsieger: Fortuna Düsseldorf
Fußballer des Jahres (D): Berti Vogts (Borussia Mönchengladbach, Abwehr)
Torschützenkönig: Klaus Allofs (Fortuna Düsseldorf), 22

Saison 1979/1980

95 Welches taktische System wurde zur Entdeckung der Saison 1979/1980 in der Bundesliga?

A PAL-System
B SECAM-System
C NTSC-System

96 Welcher Spieler, der in der Vorsaison mit Nottingham Forest den Europapokal der Landesmeister gewonnen hatte, wechselte im November 1979 für eine damals horrende Ablösesumme von 2,5 Mio. DM zum 1. FC Köln? Der englische Nationalspieler brachte es schließlich auf 131 Bundesliga-Spiele und 39 Tore für die Geißböcke.

97 Am Ende der Saison 1979/1980 waren der 1. FC Kaiserslautern und der VfB Stuttgart punkt- und torgleich. Welches Kriterium entschied über ihre Platzierung in der Abschlusstabelle?

A Direkter Vergleich
B Keine Regelung; beide belegten gleichauf Platz 3
C Losentscheid

98 In der Spielzeit 1979/1980 pfiff Walter Eschweiler elf Spiele in der Bundesliga-Rekord für ihn! Noch bekannter wurde der FIFA-Schiedsrichter später jedoch als Unparteiischer in welcher deutschen TV-Spielshow, die an ein früheres internationales Format anknüpfte?

INFOS

Meister: FC Bayern München
Absteiger: Hertha BSC, SV Werder Bremen, Eintracht Braunschweig
Pokalsieger: Fortuna Düsseldorf
Fußballer des Jahres (D): Karl-Heinz Rummenigge (FC Bayern München, Sturm)
Torschützenkönig: Karl-Heinz Rummenigge (FC Bayern München), 26

Saison 1980/1981

99 Am 20. August 1980 bestritt er sein erstes Spiel in der Bundesliga: Welchen Spitznamen erhielt der Geislinger Karl Allgöwer, der für den VfB Stuttgart insgesamt 338 Partien im Oberhaus absolvierte, wegen seines harten Schusses und seiner gefährlichen Freistöße von der Boulevardpresse?

100 Im Oktober 1980 folgte Rinus Michels als Trainer in Köln auf Karl-Heinz Heddergott. Mit welchem Spielsystem wird der Niederländer bis heute assoziiert?

A Maximaler Fußball

B Absoluter Fußball

C Totaler Fußball

101 Auch eine später noch sehr wichtige Persönlichkeit für den Verein konnte es an den letzten Spieltagen als Interimstrainer nicht verhindern. Welches Gründungsmitglied der Bundesliga musste nach der Saison 1980/1981 erstmals absteigen?

102 Nie stellte ein Bundesland mehr Vertreter in einer Saison. Wie viele Teams aus Nordrhein-Westfalen spielten 1980/1981 in der 1. Bundesliga?

A 10
B 8
C 6

INFOS

Meister: FC Bayern München
Absteiger: TSV 1860 München, Siehe Frage Nr. 101, Bayer Uerdingen
Pokalsieger: Eintracht Frankfurt
Fußballer des Jahres (D): Paul Breitner (FC Bayern München, Mittelfeld)
Torschützenkönig: Karl-Heinz Rummenigge (FC Bayern München), 29

Saison 1981/1982

103 Was wurde zur Saison 1981/1982 in der Bundesliga neu eingeführt?

A **Pflicht, Schienbeinschoner zu tragen**

B **Vierter Offizieller**

C **Relegationsspiele**

104 Beim Rückspiel auf der Bielefelder Alm saß Werdercoach Otto Rehhagel wegen vorheriger Morddrohungen sogar mit einer Bleiweste unter der Trainingsjacke auf der Bank. Welcher Spieler der Arminia machte Rehhagel dafür verantwortlich, dass Bremens Norbert Siegmann ihm bei einem Foul im Hinspiel eine ca. 20 cm lange Fleischwunde im Oberschenkel zugefügt hatte?

105

Was traf auf fünf Partien der Bundesligasaison 1981/1982 zu?

A Ergebnis wurde nach Einspruch geändert

B Austragung in Österreich

C Schiedsrichter aus der Schweiz

106

Seine letzte Herbstmeisterschaft konnte der 1. FC Köln in der Spielzeit 1981/1982 unter dem Niederländer Rinus Michels feiern. Allerdings war die Tabellenführung zur Halbserie aufgrund eines Nachholspiels erst sehr spät endgültig gesichert. In welchem Kalendermonat wurde die Herbstmeisterschaft letztlich „eingetütet"?

INFOS

Meister: Hamburger SV

Absteiger: SV Darmstadt 98, MSV Duisburg

Pokalsieger: FC Bayern München

Fußballer des Jahres (D): Karlheinz Förster (VfB Stuttgart, Abwehr)

Torschützenkönig: Horst Hrubesch (Hamburger SV), 27

Saison 1982/1983

107 Am 12. Spieltag der Saison 1982/1983 ereignete sich in Dortmund die torreichste Spielhälfte der Bundesligageschichte. Wie endete das Heimspiel der Borussia gegen Arminia Bielefeld nach einem 1:1 zur Halbzeitpause?

A 11:1
B 9:3
C 7:5

108 Jürgen Pahl und Norbert Nachtweih hatten 1976 ein Auswärtsspiel der DDR-Jugendnationalmannschaft genutzt, um sich in den Westen abzusetzen. Aber wodurch fiel der Frankfurter Torhüter Pahl am 16. Spieltag der Saison 1982/1983 erneut auf?

A Schleuderte einen Abwurf ins eigene Tor
B Verließ frustriert das Spielfeld, obwohl das Wechselkontingent ausgeschöpft war
C Absolvierte die komplette Partie mit Sonnenbrille

109 Am ersten Spieltag der Saison 1982/1983 fiel einer der kuriosesten Treffer der Bundesligageschichte. Welche beiden Spieler berührten den Ball mit der Hand, bevor regelkonform auf Tor entschieden werden konnte?

110 Bei welchem Verein stand der aus der DDR geflüchtete Lutz Eigendorf unter Vertrag, als er am 7. März 1983 unter noch immer nicht restlos geklärten Umständen bei einem Autounfall verstarb?

INFOS

Meister: Hamburger SV
Absteiger: FC Schalke 04, Karlsruher SC, Hertha BSC
Pokalsieger: 1. FC Köln
Fußballer des Jahres (D): Rudi Völler (Werder Bremen, Sturm)
Torschützenkönig: Rudi Völler (Werder Bremen), 23

Saison 1983/1984

111 Welches Kleidungsstück war das modische Markenzeichen von Trainerlegende Klaus „Schlappi" Schlappner, der den SV Waldhof Mannheim zur Saison 1983/1984 in die 1. Liga führte, in der sich die „Waldhof-Buben" sieben Spielzeiten halten sollten?

- **A** Pepitahut
- **B** Blauer Schal
- **C** Bundeswehr-Parka

112 Welcher spätere Europameister debütierte 1983/1984 im Tor von Kickers Offenbach in der 1. Bundesliga, konnte aber trotz guter Leistungen in 14 Spielen den Abstieg der Hessen mit insgesamt 106 Gegentreffern nicht verhindern?

113 Mit welchem Rekord kann die Spielzeit 1983/1984 bis heute aufwarten?

- **A** Höchster Zuschauerschnitt pro Spiel aller Spielzeiten
- **B** Höchste Toranzahl aller Spielzeiten
- **C** Höchste Anzahl Gelber Karten aller Spielzeiten

114 Wer führte den VfB Stuttgart in der Saison 1983/1984 als Trainer zum Meistertitel? Er wurde damit als erste Person sowohl als Spieler als auch als Trainer Deutscher Meister in der Bundesliga und war sogar ein aussichtsreicher Kandidat für die Nachfolge von Jupp Derwall als Bundestrainer nach der EM 1984.

INFOS

Meister: VfB Stuttgart
Absteiger: Kickers Offenbach, 1. FC Nürnberg
Pokalsieger: Siehe Frage Nr. 116
Fußballer des Jahres (D): Toni Schumacher (1. FC Köln, Tor)
Torschützenkönig: Karl-Heinz Rummenigge (FC Bayern München), 26

Saison 1984/1985

115 Welche Energiequelle war u. a. in der Spielzeit 1984/1985 auf den Trikots von Borussia Mönchengladbach zu finden?

A Biogas
B Erdgas
C Stadtgas

116 Am 11. Dezember 1984 wurde erstmals ein Spiel der Fußball-Bundesliga komplett live bundesweit im Fernsehen übertragen. Welche beiden Teams, die auch das DFB-Pokalfinale des Jahres bestritten hatten, trafen aufeinander?

INFOS

Meister: FC Bayern München
Absteiger: Arminia Bielefeld, Karlsruher SC, Eintracht Braunschweig
Pokalsieger: Bayer 05 Uerdingen
Fußballer des Jahres (D): Hans-Peter Briegel (Hellas Verona, Abwehr
Torschützenkönig: Klaus Allofs (1. FC Köln), 26

117 Welchen heute noch gültigen Bundesliga-Rekord stellte der SV Waldhof Mannheim in der Saison 1984/1985 auf?

A Hatte nur acht verschiedene Torschützen.

B Spielte achtmal hintereinander unentschieden.

C Wurde von acht verschiedenen Cheftrainern betreut.

118 Welcher spätere Bundestrainer erlebte 1984/1985 seine ersten vier von insgesamt nur 14 Einsätzen in der Bundesliga als Spieler?

Saison 1985/1986

119 Durch seinen Treffer in der letzten Minute des Relegations-Rückspiels gegen Fortuna Köln rettete er Borussia Dortmund in ein Entscheidungsspiel, welches der BVB glatt mit 8:0 gewinnen konnte. Welcher Stürmer, von dem der Satz „Ich bin giftiger wie die giftigste Schlange." stammt, wurde dafür mit einem Stern auf dem BVB Walk of Fame geehrt?

120 Am 33. Spieltag der Saison 1985/1986 verschoss Michael Kutzop einen der berühmtesten Elfmeter der Bundesligageschichte. Wohin flog der Ball?

- **A** An den Pfosten
- **B** In die Arme des Torwarts
- **C** Über die Querlatte

121 Welcher Spieler des FC Bayern München erzielte in der Saison 1985/1986 das erste Eigentor, das in der Bundesliga zum Tor des Monats gewählt wurde, indem er seinen Torhüter Jean-Marie Pfaff mit einem strammen Schuss aus etwa 30 Metern überwand?

- **A** Helmut Winklhofer
- **B** Wolfgang Dremmler
- **C** Reinhold Mathy

122 Winterbedingte Spielausfälle und ein frühes Saisonende wegen der WM in Mexiko: Welcher Verein musste in der Spielzeit 1985/1986 zwischen dem 02.04. und 26.04. insgesamt zehn (!) Pflichtspiele absolvieren? Lediglich zwei Europapokalpartien gingen verloren, während man in acht Bundesligabegegnungen ungeschlagen blieb und sich damit bis auf einen sonst nie erreichten dritten Platz in der Abschlusstabelle hocharbeiten konnte.

INFOS

Meister: FC Bayern München
Absteiger: 1. FC Saarbrücken, Hannover 96
Pokalsieger: FC Bayern München
Fußballer des Jahres (D): Toni Schumacher (1. FC Köln, Tor)
Torschützenkönig: Stefan Kuntz (VfL Bochum), 22

Saison 1986/1987

123 Welcher Europameister und Vize-Weltmeister absolvierte am 2. September 1986 im Trikot von Bayer 05 Uerdingen sein erstes Bundesligaspiel? Gegen Schalke 04 kam er elf Minuten zum Einsatz.

124 Welcher „Nachnamensvetter" eines deutschen Fußballweltmeisters von 1954 wurde wegen seiner herausragenden Leistungen in der Saison 1986/87 zum Fußballer des Jahres in Deutschland gekürt?

A Pfaff
B Walter
C Rahn

125 Für welchen Verein, der aus der Fusion eines Deutschen Meisters (1905) mit einem deutschen Vizemeister (1921) entstand, absolvierte Kalle Riedle in der Saison 1986/1987 seine ersten 34 Spiele in der Bundesliga?

126 Eine Protestaktion wogegen verhinderte im Mai 1987 fast die Austragung eines Bundesligaspiels im Dortmunder Westfalenstadion?

A Steuererhöhungen
B Atomkraft
C Volkszählung

INFOS

Meister: FC Bayern München
Absteiger: Fortuna Düsseldorf, Blau-Weiß 90 Berlin
Pokalsieger: Hamburger SV
Fußballer des Jahres (D): Siehe Frage Nr. 124
Torschützenkönig: Uwe Rahn (Borussia Mönchengladbach),24

Saison 1987/1988

127

Welcher Sponsorenschriftzug musste bis zur finalen rechtlichen „Freigabe" durch das Landgericht Frankfurt am Main in der Saison 1987/1988 auf den Trikots des FC 08 Homburg mit einem schwarzen Balken abgedeckt werden?

A London
B Paris
C Madrid

128

In der Saison 1987/1988 führte das Fachmagazin Kicker zum ersten und einzigen Mal eine Abstimmung unter den Profis der Bundesliga durch, aus der der damalige Bremer Verteidiger Uli Borowka als „Sieger" hervorging. Welche „Auszeichnung" wurde Borowka daraufhin zu teil?

A Trash-Talker des Jahres
B Sexiest Vokuhila Alive
C Größter Treter der Bundesliga

129 14 Ligaspiele in Folge verlor der 1. FC Köln zu Beginn der Saison 1987/1988 nicht. Welcher Erfolgstrainer war vor der Saison als Sportdirektor verpflichtet worden und avancierte mit seinem stets getragenen „blauen Pullover" zum Glücksbringer für diese Serie?

130 Der Meistertitel 1987/1988 für Otto Rehhagel und seine Bremer stand deutlich unter dem Motto der „kontrollierten Offensive". Werder hatte zwar die beste Tordifferenz der Liga, aber drei Mannschaften hatten mehr Treffer erzielt und mehrere Teams aus dem Tabellenmittelfeld ähnlich viele wie der Meister. Titelgarant war also die Abwehr um Rune Bratseth, die nur wie viele Saisongegentore zuließ (+/- 2 Treffer)?

INFOS

Meister: Werder Bremen
Absteiger: FC Homburg, FC Schalke 04
Pokalsieger: Eintracht Frankfurt
Fußballer des Jahres (D): Jürgen Klinsmann (VfB Stuttgart, Sturm)
Torschützenkönig: Jürgen Klinsmann (VfB Stuttgart), 19

Saison 1988/1989

131 Was geschah im November 1988 bei der Jahreshauptversammlung von Bundesligist Eintracht Frankfurt?

A Redner schlug Ordner KO
B Präsidentschaftskandidat entblößte den Oberkörper
C Vereinsmitglieder randalierten wegen Stopp des Bierausschanks

132 Am 23.07.1988 begann eine neue Zeitrechnung. Erstmals berichtete RTL in einer rund dreistündigen Sendung am Samstag über die Spiele der ersten Bundesliga. Zu den regelmäßigen Studiogästen von „Anpfiff" gehörten in der Anfangszeit als Experte Günter Netzer, aber auch Erika Berger. Welcher ehemalige DJ und Schlagersänger war von 1988–1992 Hauptmoderator des Formats?

133 Gegen welchen Verein wurde wegen eines Vorfalls mit einem Wurfgeschoss eine Stadionsperre verhängt, so dass dieser in der Saison 1988/1989 ein „Heimspiel" in Heilbronn austrug?

134 Die Meisterschaftsentscheidung in der Saison 1988/1989 war nicht nur auf dem Platz heiß umkämpft. Wenige Tage vor dem vorentscheidenden Spiel zwischen dem 1. FC Köln und Bayern München lieferten sich Christoph Daum und Udo Lattek auf Kölner Seite sowie Uli Hoeneß und Jupp Heynckes für die Bayern ein munteres verbales Duell im Aktuellen Sportstudio. Wer war Moderator dieser inzwischen legendären Runde?

A Bernd Heller
B Karl Senne
C Dieter Kürten

INFOS

Meister: FC Bayern München
Absteiger: Stuttarter Kickers, Hannover 96
Pokalsieger: Borussia Dortmund
Fußballer des Jahres (D): Thomas Häßler (1. FC Köln, Mittelfeld)
Torschützenkönige: Klaus Allofs (1. FC Köln), Roland Wohlfarth (FC Bayern München), 17

Saison 1989/1990

135 1989/1990 musste der Pokalheld und heutige Stadionsprecher von Borussia Dortmund, Norbert Dickel, seine Karriere nach einem Knorpel- und Meniskusschaden beenden. Noch heute rühmen ihn die Fans mit „Wir singen Norbert, Norbert, Norbert Dickel, jeder kennt ihn, den Held von Berlin". Auf die Titelmelodie welcher TV-Serie wird dieses Lied gesungen?

A Flipper
B Die Biene Maja
C Tom und Jerry

136 Welcher bis heute gültige Negativrekord wurde in der Bundesligasaison 1989/1990 aufgestellt?

A Wenigste Zuschauer pro Spiel
B Wenigste Tore pro Spiel
C Meiste Trainerwechsel während der Saison

137 Bei seinem Debüt für Bayer Leverkusen am 17.02.1990 konnte er sogleich ein Tor erzielen. Welcher Stürmer vom BFC Dynamo Berlin wechselte offiziell als erster Spieler aus der DDR-Oberliga in die Bundesliga?

138 Welcher Präsident des 1. FC Köln verkündete dem verdutzten Christoph Daum im Juni 1990 im WM-Camp der Nationalmannschaft im italienischen Erba, dass er nach zwei aufeinanderfolgenden Vizemeisterschaften mit den Geißböcken in der Bundesliga nun gefeuert sei?

INFOS

Meister: FC Bayern München
Absteiger: SV Waldhof Mannheim, FC Homburg
Pokalsieger: 1. FC Kaiserslautern
Fußballer des Jahres (D): Lothar Matthäus (Inter Mailand, Mittelfeld)
Torschützenkönig: Jørn Andersen (Eintracht Frankfurt), 18

Saison 1990/1991

139 „Keep on Running“ war ein Song, der am Ende der Saison 1990/1991 zu Ehren der Überraschungsmeister vom 1. FC Kaiserslautern entstand. Wer hatte den Titel zusammen mit dem Cousin von Kapitän Stefan Kuntz geschrieben und performte ihn bei den Meisterfeierlichkeiten im Aktuellen Sportstudio?

A Jugendspieler des FCK

B Teambetreuer

C Spielerfrauen

140 Das vorletzte Saisonspiel 1990/1991 beim FC St. Pauli war die letzte Bundesligapartie von Rekordspieler Karl-Heinz Körbel. Was verhinderte, dass er seinen Ligaabschied am 34. Spieltag vor heimischen Fans in Frankfurt auf dem Rasen begehen konnte?

A Trainer Stepanović stellte ihn nach Unstimmigkeiten nicht auf

B Nach der vierten Gelben Karte war er für das letzte Saisonspiel gesperrt

C Eine Verletzung bei der Arbeit im heimischen Garten setzte ihn außer Gefecht

141 Im Februar 1991 machte der argentinische Dribbelkönig und Frauenschwarm Sergio Zárate sein erstes Spiel für den Club … auf Schnee gegen Wattenscheid. Unter welchem Spitznamen war der Stürmer aus Buenos Aires in den Medien und bei den Anhängern des 1. FC Nürnberg bekannt?

142 Bewiesen werden konnten die Vorwürfe nicht. Als Spieler welches Vereins wurde Vlado Kasalo vorgeworfen, in der Saison 1990/1991 mindestens zwei Eigentore absichtlich erzielt haben, um damit an Wettbetrügereien mitzuwirken?

INFOS

Meister: 1. FC Kaiserslautern
Absteiger: FC St. Pauli, Bayer Uerdingen, Hertha BSC Berlin
Pokalsieger: Werder Bremen
Fußballer des Jahres (D): Stefan Kuntz (1. FC Kaiserslautern, Sturm)
Torschützenkönig: Roland Wohlfarth (FC Bayern München), 21

Saison 1991/1992

143

In der Saison 1991/1992 wurde die Fußball-Bundesliga auf 20 Mannschaften aufgestockt. Welches neue Team startete furios mit einem 4:0 gegen den 1. FC Nürnberg und der Tabellenführung nach dem ersten Spieltag und stieg am Ende der Saison trotzdem ab?

A Dynamo Dresden
B Hansa Rostock
C Stuttgarter Kickers

144

Auch er konnte nicht verhindern, dass der Rekordmeister in jener Saison nur Platz 10 der Abschlusstabelle belegte und teilweise sogar in Abstiegsgefahr geriet. Welcher ehemalige Mittelfeldstar trainierte den FC Bayern München von Oktober 1991 bis März 1992?

145

Der VfB Stuttgart holte die Meisterschaft 1991/1992 am letzten Spieltag in einem spannenden Fernduell mit Borussia Dortmund und Eintracht Frankfurt durch ein spätes Kopfballtor von Guido Buchwald. Welcher VfB-Akteur war zuvor wegen Meckerns des Feldes verwiesen worden und hatte die Aufgabe der Schwaben dadurch noch erschwert?

A Maurizio Gaudino
B Matthias Sammer
C Slobodan Dubajić

146

Wer sah in der Saison 1991/1992 die erste Gelb-Rote Karte der Bundesligageschichte? Wenig überraschend ist er auch immer noch der einzige Spieler, der in seiner Karriere mehr als 100 Gelbe Karten in der Liga gezeigt bekommen hat.

INFOS

Meister: VfB Stuttgart
Absteiger: Siehe Frage Nr. 143
Pokalsieger: Hannover 96
Fußballer des Jahres (D): Thomas Häßler (AS Rom, Mittelfeld)
Torschützenkönig: Fritz Walter (VfB Stuttgart), 22

Saison 1992/1993

147

Es war ein Verstoß gegen die damals noch geltende Ausländerbeschränkung und führte zur Umwandlung des erspielten 5:2-Sieges in eine 0:2-Niederlage „am grünen Tisch". Wer wechselte als Trainer von Eintracht Frankfurt in der Saison 1992/1993 im Spiel gegen Bayer Uerdingen den Slowaken Marek Penksa ein?

A Timo Zahnleitner
B Willi Reimann
C Horst Heese

148

Für welchen Verein lief Stephan Beckenbauer, der Sohn von Franz Beckenbauer, in dieser Saison unter Trainer Peter Neururer zwölfmal in der 1. Fußball-Bundesliga auf?

149

Bei Fans und Medien galten sie als „unabsteigbar", aber nach der Saison 1992/1993 erwischte es sie doch: Wie viele Spielzeiten hatte der VfL Bochum vor dem ersten Abstieg im Frühjahr 1993 ununterbrochen in der Bundesliga absolviert?

A 17
B 22
C 24

150

Welcher Spieler aus dem Bremer Meisterkader traf in der Bundesligasaison 1992/1993 achtmal per Elfmeter? Seine Strafstoßtechnik wurde oft bewundert: Er holte zumeist mit dem Schussbein weit aus, wartete auf die Sprungbewegung des Torhüters und schob dann lässig in die andere Ecke.

INFOS

Meister: Werder Bremen
Absteiger: VfL Bochum, Bayer Uerdingen, 1. FC Saarbrücken
Pokalsieger: Bayer 04 Leverkusen
Fußballer des Jahres (D): Andreas Köpke (1. FC Nürnberg, Tor)
Torschützenkönige: Ulf Kirsten (Bayer 04 Leverkusen), Anthony Yeboah (Eintracht Frankfurt), 20

A Welche beiden Bundesliga-Teams trafen hier in der Spielzeit 1974/1975 aufeinander?

B Wie lautete das Endergebnis der Partie und welchen bis heute gültigen Rekord hält die Begegnung dadurch zusammen mit einem Spiel aus der Saison 1973/1974?

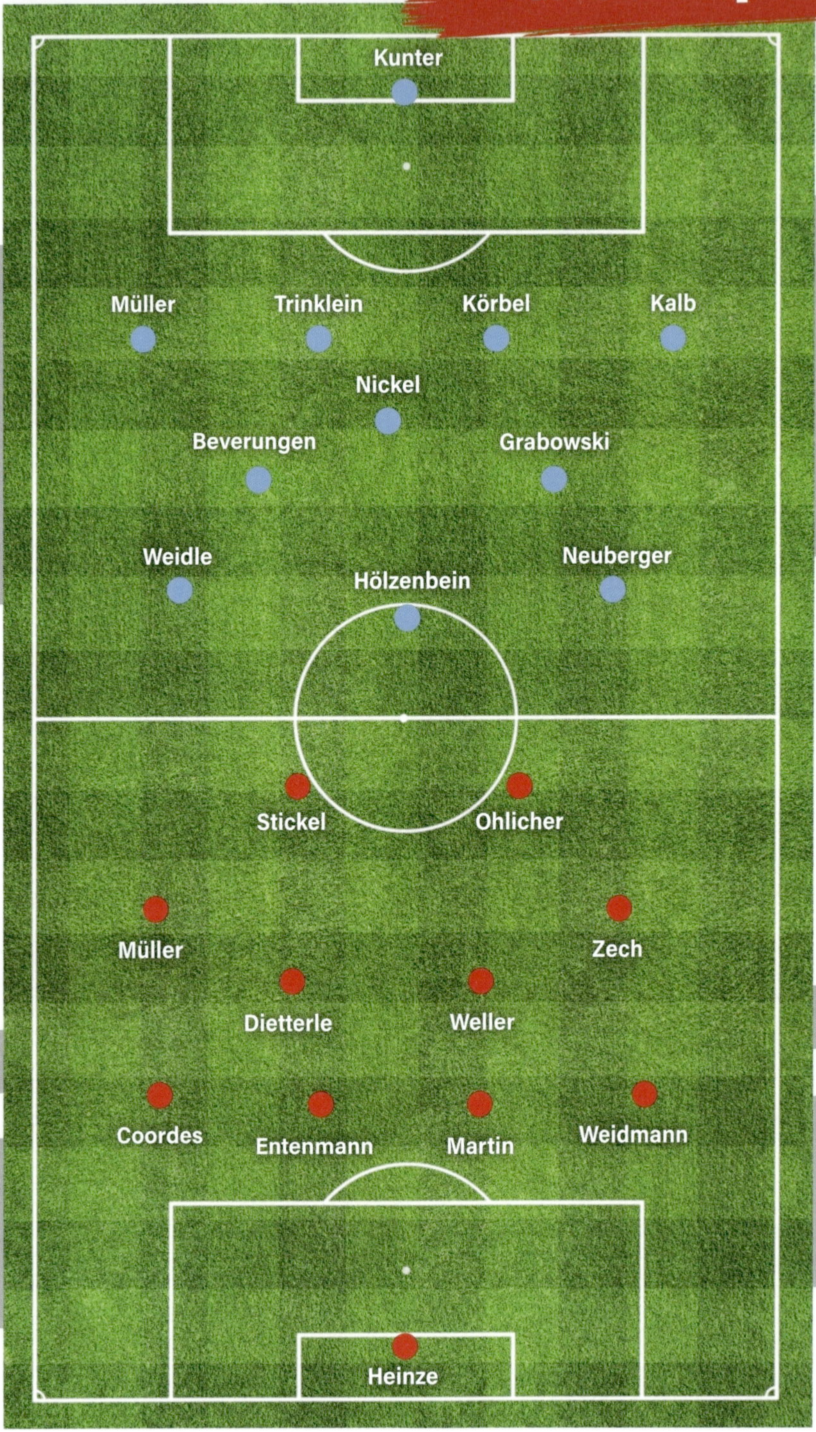

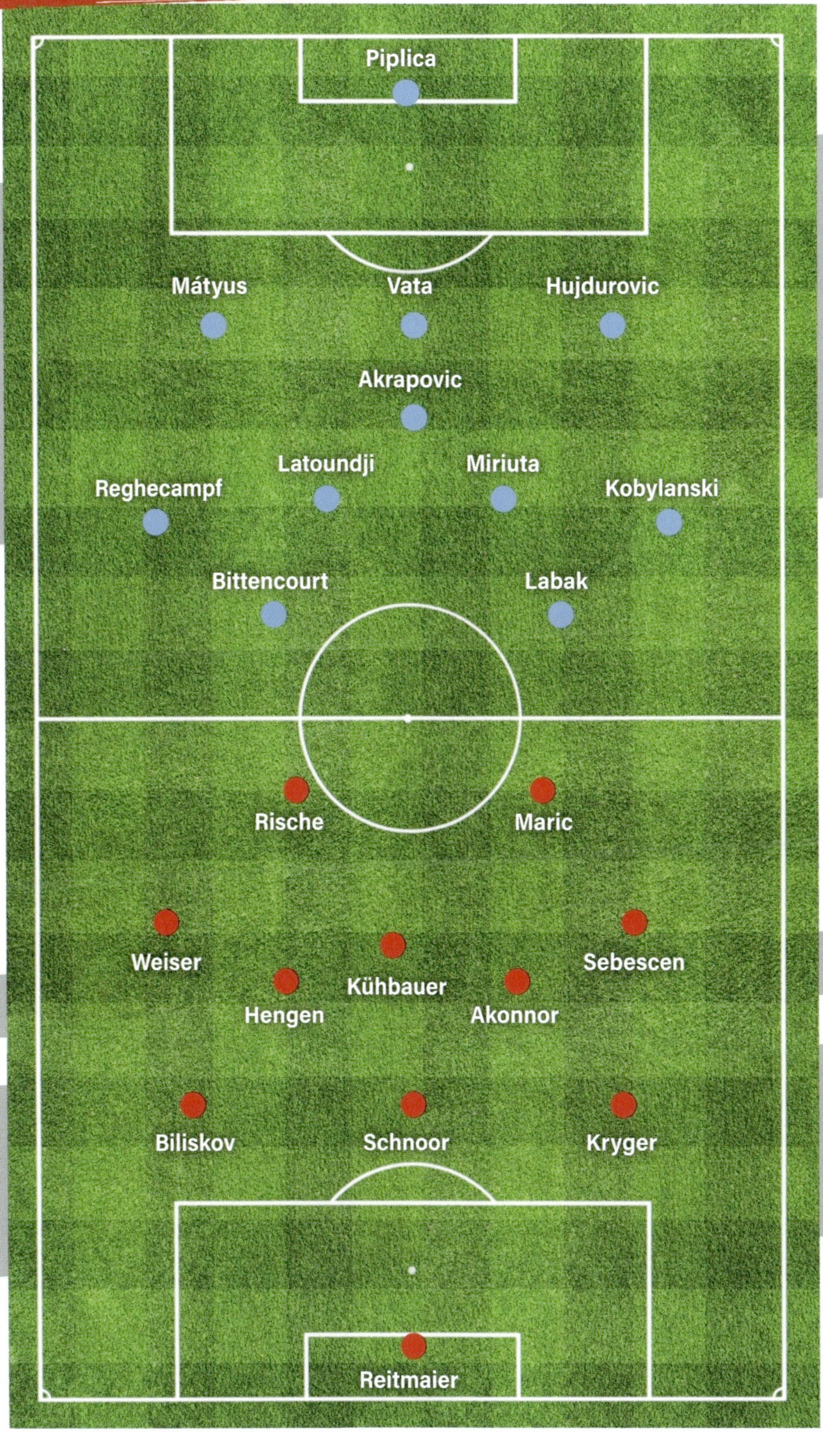

C Welche beiden Bundesliga-Teams trafen hier in der Spielzeit 2000/2001 bei einem langweiligen 0:0 aufeinander?

D Was traf auf die Startaufstellung der oben dargestellten Heimmannschaft erstmals in der Bundesliga-Geschichte zu?

Saison 1993/1994

151 Wer wurde gleichauf mit Stefan Kuntz in der Saison 1993/1994 Torschützenkönig der Bundesliga, obwohl er verletzungsbedingt nur in 22 Spielen eingesetzt werden konnte?

A Stéphane Chapuisat

B Anthony Yeboah

C Toni Polster

152 „Sollen sie mich rausschmeißen. Ich zeige Ihnen die Szene bis zum Umfallen." Ein Tor welches Spielers von Eintracht Frankfurt veranlasste Reporter Jörg Dahlmann in der Saison 1993/1994 zu diesem Kommentar?

153 Welcher Verein konnte trotz eines Abzugs von vier Punkten nach Verstoß gegen Lizenzierungsauflagen am Ende der Saison 1993/1994 die Klasse halten?

154 Welchem Verein gelang 1993/1994 das bis heute einmalige Kuriosum, am 22. Spieltag die Tabellenführung der Bundesliga zu erobern, obwohl man eine negative Tordifferenz zu verzeichnen hatte?

A MSV Duisburg

B SC Freiburg

C 1. FC Kaiserslautern

INFOS

Meister: FC Bayern München

Absteiger: 1. FC Nürnberg, SG Wattenscheid 09, VfB Leipzig

Pokalsieger: Werder Bremen

Fußballer des Jahres (D): Jürgen Klinsmann (AS Monaco, Sturm)

Torschützenkönige: Siehe Frage Nr. 151,
Stefan Kuntz (1. FC Kaiserslautern), 18

Saison 1994/1995

155 In der Saison 1994/1995 war ein Sponsor mit der Leistung der Kicker des von ihm unterstützten Vereins angeblich so unzufrieden, dass er die Nutzung des Schriftzugs „TV Spielfilm" auf den Trikots an den letzten Spieltagen untersagte. Was war stattdessen auf der Brust der Spieler zu lesen?

A HSV
B FCK
C BVB

156 Klingt beinahe unglaubwürdig: Welcher Fußballer belegte bei der Wahl zum Tor des Jahres 1994 mit verschiedenen Treffern die Ränge eins bis drei? Zum Tor des Jahres und später auch des Jahrzehnts wurde ein Fernschuss im Bundesligaspiel gegen Eintracht Frankfurt vom 28. August 1994 gewählt.

A Rudi Völler
B Mario Basler
C Bernd Schuster

157 Er hatte ohne Rücksprache mit dem Mannschaftsarzt des VfL Bochum einen Appetitzügler mit einer verbotenen Substanz eingenommen. Welcher frühere Torschützenkönig wurde in der Saison 1994/1995 zum ersten Dopingsünder der Bundesligageschichte?

158 Das „Kopfballungeheuer", Horst Hrubesch, hat auch als Trainer zahlreiche Stationen zu verzeichnen. Im deutschen Oberhaus reichte es aber nur zu fünf Partien als Cheftrainer in der Saison 1994/1995, ohne dass ein Sieg heraussprang. Welchen Verein betreute Hrubesch in einer schwierigen Phase?

INFOS

Meister: Borussia Dortmund
Absteiger: Vfl Bochum, MSV Duisburg, Dynamo Dresden
Pokalsieger: Borussia Mönchengladbach
Fußballer des Jahres (D): Matthias Sammer (Borussia Dortmund, Abwehr)
Torschützenkönige: Mario Basler (Werder Bremen),
Heiko Herrlich (Borussia Mönchengladbach), 20

Saison 1995/1996

159 Welches „Torkrokodil“ erzielte 1995/1996 für den KSC 16 Treffer und in der Folgesaison sogar 17 Tore, worauf der junge Mann im Eilverfahren eingebürgert wurde, dann aber nie für die deutsche A-Nationalmannschaft zum Einsatz kam, wohl aber für die deutsche Bundeswehr?

160 Durch ein 4:2 gegen 1860 München belegte welcher Verein nach dem ersten Spieltag der Saison 1995/1996 bislang einmalig den ersten Tabellenplatz in der Fußball-Bundesliga?

A FC St. Pauli
B KFC Uerdingen 05
C Fortuna Düsseldorf

161 33 Saisonspiele bestritt Markus Feldhoff für Bayer Leverkusen in der Saison 1995/1996. Dabei wurde er ...?

A Dreimal vom Platz gestellt
B 12-mal derart gefoult, dass es einen Elfmeter gab
C 28-mal ein- und einmal ausgewechselt

162 Wer wurde am letzten Spieltag der Saison 1995/1996 in der 88. Minute eingewechselt und so zum ältesten Spieler, der als Aktiver den Meistertitel in der Bundesliga gewann? Seinen ersten Meistertitel hatte er übrigens 18 Jahre zuvor mit dem 1. FC Köln gewonnen.

INFOS

Meister: Borussia Dortmund
Absteiger: 1. FC Kaiserslautern, Eintracht Frankfurt, KFC Uerdingen
Pokalsieger: 1. FC Kaiserslautern
Fußballer des Jahres (D): Matthias Sammer (Borussia Dortmund, Abwehr)
Torschützenkönig: Fredi Bobic (VfB Stuttgart), 17

Saison 1996/1997

163 Wer trainierte in der Saison 1996/1997 das „Magische Dreieck" (Krassimir Balakov, Fredi Bobic, Giovanne Elber) beim VfB Stuttgart und gewann in dieser Spielzeit auch mit dem DFB-Pokal seinen ersten – aber bei weitem nicht wichtigsten – Titel als Übungsleiter?

164 Welches einmalige „Kunststück" gelang dem Argentinier Rodolfo Esteban Cardoso in der Saison 1996/1997?

A **Bestritt ausschließlich die gesamte zweite Halbzeit aller 34 Partien**

B **Bestritt zwei Bundesligapartien gegen denselben Gegner innerhalb von nur sieben Tagen**

C **Lief während der Saison mit allen Rückennummern von 2–28 auf**

165 Hartnäckig hält sich noch immer das Gerücht, dass der Spieler davon ausgegangen sei, beim FC Bayern München zu landen. Welcher Ghanaer mit großem Namen, der bei der Wahl zu Afrikas Fußballer des 20. Jahrhunderts den dritten Platz belegte, verstärkte vor der Saison 1996/1997 den Kader von 1860 München?

166 Auf eine Werbetonne welches japanischen Unternehmens trat Jürgen Klinsmann nach seiner Auswechslung im Spiel der Bayern gegen den SC Freiburg im Mai 1997 wutentbrannt ein?

A Seiko
B Sony
C Sanyo

INFOS

Meister: FC Bayern München
Absteiger: Fortuna Düsseldorf, SC Freiburg, FC St. Pauli
Pokalsieger: VfB Stuttgart
Fußballer des Jahres (D): Jürgen Kohler (Borussia Dortmund, Abwehr)
Torschützenkönig: Ulf Kirsten (Bayer 04 Leverkusen), 22

Saison 1997/1998

167 In der Saison 1997/1998 stieg der vorletzte „Dino" ab. Welcher zweimalige Bundesliga-Meister musste als 17. den Weg in die Zweitklassigkeit antreten und machte so den Hamburger SV für zwei Jahrzehnte zum einzig verliebenen Gründungsmitglied in der Liga?

168 Die „Flasche-leer-Rede" vom 10. März 1998 darf natürlich nicht unter den Tisch fallen! Welchen Bayern-Spieler erwähnte Giovanni Trapattoni in seiner Tirade ausschließlich unter Nutzung des Vornamens?

- **A** Mehmet Scholl
- **B** Mario Basler
- **C** Giovane Élber

169 Dem 1. FC Kaiserslautern gelang das Meisterstück nach dem direkten Wiederaufstieg in die Fußball-Bundesliga. Welcher Mittelstürmer, der seine Wurzeln in der DDR-Oberliga hatte, war mit 21 Treffern maßgeblich am Meistertitel 1997/1998 beteiligt?

170 Welcher französische Weltmeister von 1998 stand zum Zeitpunkt des Titelgewinns bei einem Bundesligisten unter Vertrag?

- **A** Youri Djorkaeff
- **B** Willy Sagnol
- **C** Bixente Lizarazu

INFOS

Meister: 1. FC Kaiserslautern
Absteiger: Karlsruher SC, Siehe Frage Nr. 167, Arminia Bielefeld
Pokalsieger: FC Bayern München
Fußballer des Jahres (D): Oliver Bierhoff (Udinese Calcio, Sturm)
Torschützenkönig: Ulf Kirsten (Bayer 04 Leverkusen), 22

Saison 1998/1999

171 Nach dem sensationellen 5:1 gegen den 1. FC Kaiserslautern und dem damit erkämpften Last-Minute-Klassenerhalt in dieser Saison tönte Eintracht-Stürmer Jan Åge Fjørtoft über seinen damaligen Trainer: „Jörg Berger ist so ein guter Trainer, der hätte auch die XXX gerettet." Wofür steht „XXX"?

172 Auch trotz teilweise hoher Niederlagen (2:8 gegen Bayer Leverkusen und nur eine Woche später 1:7 gegen den VfL Wolfsburg) wurde ihm von Experten eine konstant starke Leistung bescheinigt. Für welchen Verein bestritt Torwart Robert Enke in der Saison 1998/1999 seine ersten Bundesligaspiele?

A VfL Bochum
B Borussia Mönchengladbach
C MSV Duisburg

173 Welcher Spieler des 1. FC Kaiserslautern täuschte im Heimspiel gegen den VfL Bochum am 26. September 1998 oscarverdächtig eine Verletzung vor, da sein Trainer Otto Rehhagel kurz zuvor regelwidrig einen vierten Nicht-Europäer eingewechselt hatte? Trotz schneller „Behebung" der Wechsel-Panne blieb der Fehler nicht unbemerkt. Bochum gewann das Spiel aber ohnehin und verzichtete im Anschluss auf einen Protest.

A Ratinho
B Pascal Ojigwe
C Hany Ramzy

174 „Ich pack' das nicht! Ich halt' das nicht mehr aus! Ich will das nicht mehr sehen!" Welcher Kommentator litt in der ARD-Radiokonferenz am letzten Spieltag der Saison 1998/1999 hörbar beim Abstieg des 1. FC Nürnberg mit?

INFOS

Meister: FC Bayern München
Absteiger: 1. FC Nürnberg, VfL Bochum, Borussia Mönchengladbach
Pokalsieger: Werder Bremen
Fußballer des Jahres (D): Lothar Matthäus (FC Bayern München, Abwehr)
Torschützenkönig: Michael Preetz (Hertha BSC), 23

Saison 1999/2000

175 Am letzten Spieltag der Saison 1999/2000 verspielte Bayer Leverkusen durch eine Niederlage bei der SpVgg Unterhaching die Meisterschaft. Wer erzielte mit einem Eigentor das 1:0 in diesem Match?

176 Dem Niederländer Hans van de Haar gelangen 1999/2000 zehn Treffer. Damit avancierte er zum besten Torschützen welches Vereins, der in dieser Spielzeit seine bis heute einzige Bundesligasaison – einschließlich „Skandalspiel" mit vier Platzverweisen in Rostock – absolvieren konnte?

INFOS

Meister: FC Bayern München
Absteiger: Siehe Frage Nr. 176, Arminia Bielefeld, MSV Duisburg
Pokalsieger: FC Bayern München
Fußballer des Jahres (D): Oliver Kahn (FC Bayern München, Tor)
Torschützenkönig: Martin Max (TSV 1860 München), 19

177

Gut gebrüllt, Löwen! In der Spielzeit 1999/2000 belegte der TSV 1860 München den vierten Rang in der Abschlusstabelle und landete zum ersten und einzigen Mal in der Qualifikationsrunde zur Champions League. Wichtiger für die Fans waren aber wohl die zwei Derbysiege über die Roten. Was entschied das zweite Derby dieser Saison für die Löwen?

A Freistoß von Icke

B Eigentor von Jerry

C Fehlgriff vom Titan

178

Am 5. Spieltag der Saison 1999/2000 verletzten sich beim Auswärtsspiel in Frankfurt kurz hintereinander Oliver Kahn und der für ihn eingewechselte Ersatztorhüter Bernd Dreher. Welcher Feldspieler wurde daraufhin eingewechselt und hielt knapp eine halbe Stunde lang den Kasten des FC Bayern sauber?

A Thorsten Fink

B Thomas Strunz

C Michael Tarnat

Saison 2000/2001

179 Welcher Spieler des FC Schalke 04 erntete zahlreiche Lacher, aber auch eine saftige Geldstrafe, als er für das offizielle Mannschaftsfoto vor der Saison 2000/2001 seine Hose bis unter die Achseln hochzog?

180 Wer erzielte am letzten Spieltag der Saison 2000/2001 in der 90. Minute das 1:0 für den Hamburger SV gegen den FC Bayern München und machte sich selbst damit zum Torschützenkönig sowie den FC Schalke 04 für vier Minuten zum Deutschen Meister?

181 Ludwig „Wiggerl" Kögl wurde als Spieler von Bayern München und dem VfB Stuttgart insgesamt sechsmal Deutscher Meister. Doch für welchen süddeutschen Verein bestritt er in der Saison 2000/2001 sein letztes von über 300 Bundesligaspielen?

A SpVgg Unterhaching
B SSV Ulm 1846
C FC Ingolstadt 04

182 In einem hitzigen „Bundesliga-Classico" kam es am 7. April 2001 zu einer bis heute unerreichten Kartenflut: Wie viele Gelbe, Gelb-Rote und Rote Karten wurden an diesem Tag in Summe dem BVB und den Bayern gezeigt?

A 12 Karten
B 14 Karten
C 16 Karten

INFOS

Meister: FC Bayern München
Absteiger: SpVgg Unterhaching, Eintracht Frankfurt, VfL Bochum
Pokalsieger: FC Schalke 04
Fußballer des Jahres (D): Oliver Kahn (FC Bayern München, Tor)
Torschützenkönig: Siehe Frage Nr. 180, Ebbe Sand (FC Schalke 04), 22

Saison 2001/2002

183 „Ich habe unter der Latte gestanden und gedacht, dass der Ball rüber geht. Zu dieser Zeit war so viel Wind gewesen, und auf einmal hat der Ball meinen Hinterkopf getroffen." So beschrieb Tomislav Piplica in der Retrospektive sein Eigentor per Kopf am 30. Spieltag der Saison 2001/2002. Welche „Auszeichnung" erhielt der Bosnier für die kuriose Szene?

A Bambi
B Goldene Henne
C Raab der Woche

184 Welche Bundesliga-Bestmarke wurde in der Saison 2001/2002 aufgestellt?

A Meiste Zuschauer in den Stadien
B Jüngster Meistertrainer
C Spieltag mit den meisten Toren

185 Fünf deutsche Fußballer wurden in dieser Saison Zweiter in der Bundesliga, Zweiter im DFB-Pokal, Zweiter in der Champions League und Zweiter bei der FIFA-Weltmeisterschaft. Drei der fünf waren Jörg Butt, Carsten Ramelow und Bernd Schneider. Wie hießen die beiden nicht genannten Spieler?

186 Die Erlösung kam durch einen Treffer von Thomas Cichon im Heimspiel gegen Hertha BSC. Welcher Verein blieb in der Saison 2001/2002 über 1.000 Minuten ohne eigenen Torerfolg?

INFOS

Meister: Borussia Dortmund
Absteiger: SC Freiburg, 1. FC Köln, FC St. Pauli
Pokalsieger: FC Schalke 04
Fußballer des Jahres (D): Michael Ballack (Bayer 04 Leverkusen, Mittelfeld)
Torschützenkönige: Márcio Amoroso (Borussia Dortmund), Martin Max (TSV 1860 München), 18

Saison 2002/2003

187 Welcher Stürmer wechselte kurz vor dem Ende des Transferfensters im Sommer 2002 zu Aufsteiger Hannover 96 und wurde dank seiner starken 14 Saisontore von Teamchef Rudi Völler wieder für die Nationalmannschaft nominiert?

A Thomas Brdarić
B Fredi Bobic
C Benjamin Lauth

188 Ob er Shakespeare-Fan war, ist nicht überliefert: Welcher Stürmer erzielte 2002/2003 immerhin 14 Treffer für den HSV?

A Hamlet
B Romeo
C Othello

189 Gregg Berhalter, bis Dezember 2022 Nationaltrainer der USA, kam 2002/2003 zu 23 Spielen in der Bundesliga. Für welchen Verein, der am Saisonende den Gang in die 2. Liga antreten musste, lief Berhalter als Innenverteidiger auf?

190 In der Saison 2002/2003 wurde bislang zum einzigen Mal ein Spieler Torschützenkönig, der auch für die spanische A-Nationalmannschaft gespielt hat. Wer war es?

INFOS

Meister: FC Bayern München
Absteiger: Arminia Bielefeld, 1. FC Nürnberg, Siehe Frage Nr. 189
Pokalsieger: FC Bayern München
Fußballer des Jahres (D): Michael Ballack (FC Bayern München, Mittelfeld)
Torschützenkönige: Siehe Frage Nr. 190,
Giovane Élber (FC Bayern München), 21

Saison 2003/2004

191 Die überragende Innenverteidigung der Saison 2003/2004, die im Verbund mit den weiteren Defensivspielern nur ganze 24 Gegentore zuließ, bildeten Fernando Meira und Marcelo Bordon. Für welchen Verein lief das Duo damals auf?

A Hamburger SV
B Schalke 04
C VfB Stuttgart

192 Nach einer Tätlichkeit gegen den vierten Offiziellen wurde der Trainer von Eintracht Frankfurt in der Saison 2003/2004 für fünf Spiele aus dem Innenraum verbannt. Wegen Baumaßnahmen im heimischen Stadion erlebte er die dortigen Partien nicht auf der Tribüne, sondern an einem etwas speziellen Ort. Welchen Spitznamen brachte ihm diese Örtlichkeit ein?

A Container-Willi
B Baracken-Friedhelm
C Lauben-Armin

193 Wer wurde in der Saison 2003/2004 mit Werder Bremen Deutscher Meister und ist damit der bislang einzige Torwart, dem dies in der Bundesliga als Stammkeeper bei zwei unterschiedlichen Vereinen gelang?

194 Welcher 84-fache Nationalspieler seines Landes bestritt 2003/2004 ein einziges Spiel für Meister Bayern München? Einige Jahre später war er übrigens einer der herausragenden Stammspieler bei der Meisterschaft eines anderen Vereins.

INFOS

Meister: **Werder Bremen**

Absteiger: **Eintracht Frankfurt, TSV 1860 München, 1. FC Köln**

Pokalsieger: **Werder Bremen**

Fußballer des Jahres (D): **Aílton (Werder Bremen, Sturm)**

Torschützenkönig: **Aílton (Werder Bremen), 28**

Saison 2004/2005

195 2004/2005 erlebte die Bundesliga nicht ein „Phantomtor", sondern gleich 24! Welcher Slowake mit gespenstischem Spitznamen holte die Torjägerkanone mit 13 Treffern in der Vorrunde und 11 in der Rückrunde nach Nürnberg?

196 Welcher Schalke-Coach wurde im September 2004 nach nur vier Saisonspielen mit drei Niederlagen gefeuert?

A Marc Wilmots
B Jupp Heynckes
C Huub Stevens

197 Welcher Gegenstand war defekt und verhinderte somit den pünktlichen Anstoß des Eröffnungsspiels der Saison 2004/2005 im Bremer Weserstadion?

198 Foul, Pfiff, Elfmeter ... doch halt: Welcher Nationalspieler erklärte Schiedsrichter Herbert Fandel beim Spiel gegen Arminia Bielefeld, dass der gegnerische Torwart ihn regelgerecht vom Ball getrennt habe, so dass der Strafstoß zurückgenommen wurde? Von der Deutschen Olympischen Gesellschaft wurde er für diese Geste beim Stand von 0:0 mit der Fairplay-Plakette ausgezeichnet.

A Miroslav Klose
B Michael Ballack
C Lukas Podolski

INFOS

Meister: FC Bayern München
Absteiger: VfL Bochum, Hansa Rostock, SC Freiburg
Pokalsieger: FC Bayern München
Fußballer des Jahres (D): Michael Ballack (FC Bayern München, Mittelfeld)
Torschützenkönig: Siehe Frage Nr. 195

Saison 2005/2006

199 Im August 2005 wurde vor dem Volksparkstadion in Hamburg eine ca. vier Tonnen schwere Bronzeskulptur zu Ehren von Uwe Seeler enthüllt. Welches Körperteil von „Uns Uwe" ist dargestellt?

A Sein rechter Fuß
B Sein linker Fuß
C Sein Hinterkopf

200 Am 5. August 2005 fand das erste Bundesligaspiel in der Münchner Allianz Arena statt. Welches Bauunternehmen war für die Umsetzung des Entwurfs der Architekten Herzog & de Meuron verantwortlich und leistete unerlaubte Millionenzahlungen im Rahmen der sogenannten „Stadionaffäre"?

A Basale
B Aride
C Alpine

201 Welchen Bundesligaverein trainierte Giovanni Trapattoni zwischen Juli 2005 und Februar 2006?

202 Beim Heimspiel von Schalke 04 gegen Bayer Leverkusen im Februar 2006 fielen erstmals in diesem Jahrtausend mehr als zehn Tore in einer Bundesligapartie. Wie lautete der Endstand?

INFOS

Meister: FC Bayern München
Absteiger: 1. FC Kaiserslautern, 1. FC Köln, MSV Duisburg
Pokalsieger: FC Bayern München
Fußballer des Jahres (D): Miroslav Klose (Werder Bremen, Sturm)
Torschützenkönig: Miroslav Klose (Werder Bremen), 25

Saison 2006/2007

203 Aus welchem Land stammen Pável Pardo und Ricardo Osorio, die als Stammspieler zur Meisterschaftsmannschaft des VfB Stuttgart in der Saison 2006/2007 gehörten?

204 „Guten Tag. Meine Herren, es gibt vier Fragen und vier Antworten. Die Fragen, die stelle ich, und die Antworten gebe ich auch." So leitete welcher Weltmeister eine denkwürdige, 42 Sekunden dauernde Pressekonferenz als Cheftrainer in der Saison 2006/2007 ein?

A Rudi Völler

B Klaus Augenthaler

C Jürgen Kohler

INFOS

Meister: VfB Stuttgart

Absteiger: 1. FSV Mainz 05, Alemannia Aachen, Borussia Mönchengladbach

Pokalsieger: 1. FC Nürnberg

Fußballer des Jahres (D): Mario Gómez (VfB Stuttgart, Sturm)

Torschützenkönig: Theofanis Gekas (VfL Bochum), 20

205

Im Sommer 2006 gaben sich zwei große Spielmacher beim SV Werder quasi die Klinke in die Hand. Der eine verließ die Grün-Weißen nach 123 Bundesligaspielen in Richtung Bordeaux, der andere kam aus Porto und wurde später der erste noch aktive Fußballer, der mit einem Handabdruck in Bremens „Mall of Fame" geehrt wurde. Wie heißen die beiden feinen Techniker?

206

Im Bundesligastadion welcher Stadt wurde im Januar 2007 mit der „Kirche in der Arena" ein 90 Quadratmeter großer ökumenischer Andachtsraum in der Haupttribüne eingeweiht?

A **Gelsenkirchen**

B **Frankfurt**

C **Leipzig**

Saison 2007/2008

207 Gesagt ist gesagt. Seiner allgemeinen Unzufriedenheit mit der Gesamtsituation machte Dortmunds Trainer Thomas Doll in einer Pressekonferenz im April 2008 Luft. Ein dabei von ihm geäußerter Satz war „Da lach' mir den XXX ab." Wofür steht „XXX"?

208 Warum wurde die Partie zwischen dem 1. FC Nürnberg und dem VfL Wolfsburg in der Saison 2007/2008 zur Halbzeit abgebrochen und ein Wiederholungsspiel angesetzt?

- **A** Erkrankung des Schiedsrichtergespanns
- **B** Stromausfall
- **C** Sintflutartiger Regen

209 Zur Saison 2007/2008 wechselte ein Fußballer in die Bundesliga, der einst Mülltüten an Haustüren verkauft hatte und von allen nur „Bleistiftmine" gerufen wurde – natürlich in seiner Muttersprache, in der das besser klingt. Bei welchem Club heuerte Edinaldo Batista Libânio – so sein bürgerlicher Name – damals an?

210 Das Team belegte in der Abschlusstabelle der Saison 2007/2008 nur den zehnten Platz, lag aber in der von der DFL separat ermittelten Fair-Play-Rangliste ganz vorne. Wer konnte sich somit als bislang letzter deutscher Verein über einen in der Fair-Play-Wertung errungenen Startplatz in einem internationalen Wettbewerb (Hier: UEFA-Cup) in der kommenden Saison freuen?

- **A** VfL Wolfsburg
- **B** Hannover 96
- **C** Hertha BSC

INFOS

Meister: FC Bayern München
Absteiger: 1. FC Nürnberg, Hansa Rostock, MSV Duisburg
Pokalsieger: FC Bayern München
Fußballer des Jahres (D): Franck Ribéry (FC Bayern München, Mittelfeld)
Torschützenkönig: Luca Toni (FC Bayern München), 24

Saison 2008/2009

211 Wer stand nach der Hinrunde der Saison 2008/2009 auf dem 9. Tabellenplatz?

A Meister VfL Wolfsburg
B FC Bayern München
C Absteiger Arminia Bielefeld

212 Wie heißt das Vereinsmuseum von Borussia Dortmund, das zum 99. Geburtstag des Clubs im Dezember 2008 in der Nordostecke des Westfalenstadions eröffnet wurde?

A Borusseum
B Westfalenschau
C Ball of Fame

213 Wie viele seiner 18 Saisontore erzielte Stürmer Vedad Ibisevic für die TSG Hoffenheim in der Spielzeit 2008/2009 in der Rückrunde der Saison?

214 In der Meistersaison 2008/2009 verzichtete der VfL Wolfsburg für einige Zeit auf Trikotwerbung für Volkswagen. Das Logo welcher Hilfsorganisation war in dieser Phase im Brustbereich der Trikots abgebildet?

INFOS

Meister: VfL Wolfsburg
Absteiger: Energie Cottbus, Karlsruher SC, Arminia Bielefeld
Pokalsieger: Werder Bremen
Fußballer des Jahres (D): Grafite (VfL Wolfsburg, Sturm)
Torschützenkönig: Grafite (VfL Wolfsburg), 28

215 Die Stimmung im April 2010 war gereizt! Was für einen Gegenstand schleuderte der Hamburger Stürmer Paulo Guerrero nach einem 0:0 im Nord-Derby gegen Hannover 96 Richtung Tribüne und traf damit einen Fan der eigenen Mannschaft am Kopf?

A Schienbeinschoner
B Trinkflasche
C Eckfahne

216 2009 wechselte ein Abwehrhüne und früherer Champions-League-Sieger vom FC Liverpool nach Leverkusen, wo es ihm sichtlich gelang, den Verteidigungsverbund zu stabilisieren. Welche Nationalität hatte der Neue?

A Norwegisch
B Finnisch
C Schwedisch

217 Zu einer der frühesten Trainerentlassungen der Bundesligageschichte kam es noch vor dem ersten Spieltag der Saison 2009/2010. Trotz gelungenem Aufstieg aus der 2. Liga wurde welcher frühere Torschützenkönig angeblich wegen interner Unstimmigkeiten beim FSV Mainz 05 gefeuert?

218 Am 16. Spieltag der Saison 2009/2010 gewann Borussia Mönchengladbach mit 5:3 gegen Hannover 96. Wie viele der acht Tore in diesem Match erzielten Spieler der Niedersachsen?

INFOS

Meister: FC Bayern München
Absteiger: Hertha BSC, VfL Bochum
Pokalsieger: FC Bayern München
Fußballer des Jahres (D): Arjen Robben (FC Bayern München, Mittelfeld)
Torschützenkönig: Edin Džeko (VfL Wolfsburg), 22

Saison 2010/2011

219 Auch leichte Fragen müssen gestellt werden und ältere Semester kennen die gesuchte „Vorrichtung" vielleicht noch aus persönlicher Erfahrung: Welches Gerät brachte zur Rückrunde der Saison 2010/2011 den geplanten Transfer von Eric Maxim Choupo-Moting vom HSV zum 1. FC Köln in buchstäblich letzter Minute zum Scheitern?

A Diktiergerät
B Faxgerät
C Anrufbeantworter

220 2010/2011 spielte der FC St. Pauli seine bislang letzte Saison im Oberhaus des deutschen Fußballs. Welcher Hamburger, der nach seiner Trainerkarriere die Geschäftsleitung eines Supermarkts übernahm, trainierte die „Kiezkicker" in dieser Saison?

A Michael Lorkowski
B André Trulsen
C Holger Stanislawski

221 Bei welchem Verein saß der Niederländer Andries Jonker an den letzten fünf Spieltagen der Saison 2010/2011 als Cheftrainer auf der Bank?

222 2010/2011 coachte erstmals ein ehemaliger englischer Nationaltrainer eine Mannschaft der Bundesliga. Welcher Fußballlehrer musste die Leitung seines „Wolfsrudels" damals nach etwas mehr als sieben Monaten wieder abgeben?

INFOS

Meister: Borussia Dortmund
Absteiger: Eintracht Frankfurt, FC St. Pauli
Pokalsieger: FC Schalke 04
Fußballer des Jahres (D): Manuel Neuer (FC Schalke 04, Tor)
Torschützenkönig: Mario Gómez (FC Bayern München), 28

Saison 2011/2012

223 Wer übernahm in der Winterpause der Saison 2011/2012 das Traineramt beim damaligen Tabellenletzten und rettete diesen vor dem Abstieg? Aktuell (Mai 2023) ist er immer noch im Amt und somit dienstältester Trainer in der 1. Liga.

224 Chong Tese, der in der Spielzeit 2011/2012 insgesamt fünfmal für den 1. FC Köln auf dem Platz stand, ist bis heute der einzige Bundesligaprofi, der für die A-Nationalmannschaft welches Landes auflief?

A Nordkorea
B Nepal
C Kambodscha

225 Welche beiden Vereine standen sich nach der Saison 2011/2012 in der Relegation gegenüber, als Zuschauer noch vor dem Abpfiff des Spiels das Spielfeld stürmten und Bengalische Feuer zündeten?

226 2011/2012 verteidigte der BVB seinen Meistertitel aus der Vorsaison und blieb dabei 28 Spiele in Serie ungeschlagen. Die Dortmunder hatten während der gesamten Saison nur eine Heimniederlage zu verkraften. Gegen welchen späteren Absteiger verloren sie im Westfalenstadion mit 1:2?

A Hertha BSC
B 1. FC Köln
C 1. FC Kaiserslautern

INFOS

Meister: Borussia Dortmund
Absteiger: Siehe Fragen Nr. 225 & 226
Pokalsieger: Borussia Dortmund
Fußballer des Jahres (D): Marco Reus (Borussia Mönchengladbach, Mittelfeld)
Torschützenkönig: Klaas-Jan Huntelaar (FC Schalke 04), 29

Saison 2012/2013

227 Welcher gebürtige Fürther und Friedensnobelpreisträger löste nach dem ersten Aufstieg des Kleeblatts in die Bundesliga ein altes Versprechen ein und besuchte im September 2012 ein Heimspiel seiner Spielvereinigung im Ronhof gegen Schalke 04?

228 Für welche beiden gleichzeitigen Vergehen sah Szabolcs Huszti von Hannover 96 am 3. Spieltag der Saison 2012/2013 die Gelb-Rote Karte?

A Beleidigungsgeste und verbale Entgleisung

B Trikot ausziehen und Klettern auf den Zaun zu den Zuschauerrängen

C Handspiel und Schubser des Gegners im Kopfballduell

229 1986/1987 und 2012/2013 wurde der FC Bayern München mit nur einer Saisonniederlage Deutscher Meister. Erstaunlicherweise sorgte in beiden Spielzeiten derselbe Gegner mit einem Auswärtssieg in München für das einzige verlorene Match. Um welche Mannschaft handelt es sich?

230 2012/2013 spielte die Spielvereinigung Greuther Fürth erstmals in der Bundesliga. Im offiziellen Vereinswappen steht das dreiblättrige Kleeblatt für die Tradition der SpVgg Fürth, während welches Symbol an den TSV Vestenbergsgreuth erinnert, dessen Fußballabteilung 1996 dem Verein beitrat?

A Eine Axt

B Ein Holzschuh

C Eine Kornähre

INFOS

Meister: **FC Bayern München**

Absteiger: **SpVgg Greuther Fürth, Fortuna Düsseldorf**

Pokalsieger: **FC Bayern München**

Fußballer des Jahres (D): **Bastian Schweinsteiger (FC Bayern München, Mittelfeld)**

Torschützenkönig: **Stefan Kießling (Bayer 04 Leverkusen), 25**

Saison 2013/2014

231 Am 23. Spieltag der Saison 2013/2014 erzielte Abwehrspieler Ragnar Klavan ein Tor für den FC Augsburg. Dies war der erste Treffer eines Spielers aus welchem Land in der Bundesliga?

A Lettland
B Estland
C Litauen

232 In der Saison 2013/2014 konnten die Bayern so früh wie nie ihre Meisterschaftsfeier ausrichten. Am wievielten Spieltag machten die Münchner den Titel nach einem 3:1 Erfolg bei Hertha BSC perfekt?

A 27. Spieltag
B 28. Spieltag
C 29. Spieltag

233 In der Abschlusstabelle der Saison 2013/2014 belegten der Hamburger SV, der 1. FC Nürnberg und Eintracht Braunschweig die drei letzten Plätze. Von möglichen 45 Punkten gewannen diese drei Teams an den letzten fünf Spieltagen der Saison wie viele?

234 Zur Saison 2013/2014 kehrte Eintracht Braunschweig nach 28 Jahren wieder in die Bundesliga zurück. In der Geschichte der höchsten deutschen Spielklasse seit 1963 mussten nur zwei Vereine länger auf die Rückkehr ins Oberhaus warten, nämlich 33 und 36 Jahre. Welche beiden Clubs mussten so lange darben?

INFOS

Meister: FC Bayern München
Absteiger: 1. FC Nürnberg, Eintracht Braunschweig
Pokalsieger: FC Bayern München
Fußballer des Jahres (D): Manuel Neuer (FC Schalke 04, Tor)
Torschützenkönig: Robert Lewandowski (Borussia Dortmund), 20

Saison 2014/2015

235 Welcher Rekord seit Beginn der detaillierten Datenerfassung (1992) wurde im Match zwischen Bayern München und dem SC Freiburg im Dezember 2014 aufgestellt?

- **A** Nur acht Fouls
- **B** Nur acht Prozent Fehlpässe
- **C** Nur acht Einwürfe

236 Nach wem wurde eine 82,3 Meter lange Straße am Stadion des SC Paderborn benannt, nachdem er aus ebendieser Distanz in der Saison 2014/2015 ein Tor gegen Hannover 96 erzielt hatte?

237 Wer war mit 19 Treffern in der Saison 2014/2015 der letzte Torschützenkönig der Fußball-Bundesliga mit deutschem Pass, bis Niclas Füllkrug in der Spielzeit 2022/2023 ebenfalls mit der Kanone ausgezeichnet wurde??

238 Welcher Schiedsrichter wurde am 18. Oktober 2014, um genau 15:48 Uhr, zum ersten „Sprayer" in der Bundesliga, als er die vorgeschriebene Position einer Mauer des SV Werder mit Freistoßspray markierte?

- **A** Bastian Dankert
- **B** Knut Kircher
- **C** Deniz Aytekin

INFOS

Meister: FC Bayern München
Absteiger: SC Freiburg, SC Paderborn
Pokalsieger: VfL Wolfsburg
Fußballer des Jahres (D): Kevin De Bruyne (VfL Wolfsburg, Mittelfeld)
Torschützenkönig: Siehe Frage Nr. 237

Saison 2015/2016

239 Wie lautet der tierische Name der Torlinientechnologie, die erstmals in der Saison 2015/2016 in der Bundesliga genutzt wurde?

240 2015/2016 markierte der FC Bayern München den bis heute gültigen Startrekord der Bundesliga. Im letzten Jahr unter Pep Guardiola gewannen die Roten von Saisonbeginn an wie viele Spiele in Serie, ehe ihnen die Frankfurter Eintracht ein 0:0 abtrotzen konnte?

A 10 Spiele
B 11 Spiele
C 12 Spiele

241 Welcher Spieler, der damals für Borussia Dortmund aktiv war, hält seit dem letzten Spieltag der Saison 2015/2016 mit 216 Ballbesitzphasen den Rekord für die meisten Ballkontakte in einem Bundesligaspiel?
Funfact: Der gesuchte Spieler wurde in der besagten Partie in der 84. Minute ausgewechselt.

A İlkay Gündoğan

B Julian Weigl

C Gonzalo Castro

242 Am 2. Spieltag der Saison 2015/2016 gelang Kevin Volland (TSG 1899 Hoffenheim) nach nur neun Sekunden im Spiel gegen Bayern München das bislang schnellste Tor in der Geschichte der Bundesliga (Geteilter Rekord mit Karim Bellarabis Treffer aus der Spielzeit 2014/2015). Der wievielte Ballkontakt der Hoffenheimer in dieser Partie war Vollands erfolgreicher Torschuss?

INFOS

Meister: FC Bayern München
Absteiger: VfB Stuttgart, Hannover 96
Pokalsieger: FC Bayern München
Fußballer des Jahres (D): Jérôme Boateng (FC Bayern München, Abwehr)
Torschützenkönig: Robert Lewandowski (FC Bayern München), 30

Saison 2016/2017

243 Das wievielte Tor der Bundesligageschichte erzielte der Leverkusener Karim Bellarabi am 21. Spieltag der Saison 2016/2017?

A Das 30.000ste
B Das 40.000ste
C Das 50.000ste

244 Am 34. Spieltag der Saison 2016/2017 war er zum letzten Mal im Einsatz: Welcher Schiedsrichter hat bisher die meisten Spiele in der Fußball-Bundesliga gepfiffen? Viele Quellen verzeichnen für ihn 344 Einsätze, während andere 345 Spiele angeben.

A Peter Sippel
B Knut Kircher
C Wolfgang Stark

245 Der Rechteinhaber verzichtete für ein Jahr auf sein laufendes Namensrecht. Das Stadion welches Bundesligisten trug in der Saison 2016/2017 zu Ehren eines an einer Tumorerkrankung verstorbenen Fans den Namen Jonathan-Heimes-Stadion?

246 RB Leipzig feierte seine Bundesligapremiere in der Saison 2016/2017 und blieb prompt die ersten 13 Spieltage ungeschlagen. Die neue Erfahrung einer Niederlage machten die Roten Bullen dann ausgerechnet bei dem Club, den ihr Übungsleiter Ralph Hasenhüttl noch in der Vorsaison betreut hatte. Welcher Verein schlug Leipzig im Dezember 2016 mit 1:0?

INFOS

Meister: FC Bayern München
Absteiger: FC Ingolstadt, SV Darmstadt 98
Pokalsieger: Borussia Dortmund
Fußballer des Jahres (D): Philipp Lahm (FC Bayern München, Abwehr)
Torschützenkönig: Pierre-Emerick Aubameyang (Borussia Dortmund), 31

Saison 2017/2018

247 Welche Teams standen sich gegenüber, als am 13. Spieltag der Saison 2017/2018 die Heimmannschaft eine 4:0-Führung zur Halbzeit nicht halten konnte und das Spiel durch ein letztes Tor in der vierten Minute der Nachspielzeit mit 4:4 endete?

248 Wobei zog sich HSV-Stürmer Nicolai Müller einen Kreuzbandriss zu, der ihn in der Saison 2017/2018 mehrere Monate außer Gefecht setzte?

A Treppensteigen
B Tapezieren
C Torjubel

249 Am 10. September 2017 leitete erstmals eine Frau ein Spiel in der Bundesliga. Welche Schiedsrichterin aus dem Harz gab an diesem Tag im Match zwischen Hertha BSC und Werder Bremen ihr Debüt im Oberhaus der Männer?

250 In seiner letzten Saison als durchgehend in der Bundesliga vertretenes Gründungsmitglied wurde der HSV 2017/2018 von drei Cheftrainern betreut. Welcher Coach war zum Saisonende in Amt und Würden und stieg mit dem Dino ab?

A Bernd Hollerbach
B Christian Titz
C Markus Gisdol

INFOS

Meister: FC Bayern München
Absteiger: Hamburger SV, 1. FC Köln
Pokalsieger: Eintracht Frankfurt
Fußballer des Jahres (D): Toni Kroos (Real Madrid, Mittelfeld)
Torschützenkönig: Robert Lewandowski (FC Bayern München), 29

Saison 2018/2019

251 Wer wurde durch einen Treffer am 22. Spieltag der Saison 2018/2019 zum ältesten Torschützen in der Geschichte der Fußball-Bundesliga?

252 Am 19. Dezember 2018 lief Schalke 04 im Heimspiel gegen Bayer Leverkusen mit Sondertrikots auf. Die DFL hatte erstmals genehmigt, dass sich die Beschriftung im Brustbereich der Trikots bei allen Spielern unterscheidet. Was war der Grund für die Aktion?

A **Jubiläum der letzten Schalker Meisterschaft 1958**

B **Schließung der letzten Steinkohlezeche im Ruhrgebiet**

C **1000-Jahr-Feier der Stadt Gelsenkirchen**

253 Welchen tierischen Spitznamen gaben Mitspieler und Medienmacher in der Spielzeit 2018/2019 dem durchschlagskräftigen Frankfurter Sturm-Trio bestehend aus Luka Jović, Ante Rebić und Sébastien Haller?

254 Zur Saison 2018/2019 wurde der Spielball „Torfabrik“ von Adidas durch ein Fabrikat des Sportartikelunternehmens Derbystar abgelöst. Wie heißt seitdem der offizielle Spielball der Bundesliga?

A Brillant APS

B Diamond APS

C Krystal APS

INFOS

Meister: FC Bayern München

Absteiger: VfB Stuttgart, Hannover 96, 1. FC Nürnberg

Pokalsieger: FC Bayern München

Fußballer des Jahres (D): Marco Reus (Borussia Dortmund, Mittelfeld)

Torschützenkönig: Robert Lewandowski (FC Bayern München), 22

Saison 2019/2020

255 Für die Bundesliga und darüber hinaus zur Saison 2019/2020 neu eingeführt: Wovon müssen Spieler der angreifenden Mannschaft in den meisten Fällen einen Abstand von mindestens einem Meter einhalten?

256 Das erste Geisterspiel in der Geschichte der Bundesliga am 11. März 2020 war welches Derby?

A Rheinisches Derby
B Revierderby
C Berliner Stadtderby

257 Welcher Spieltags-Rekord wurde am 6. Spieltag der Saison 2019/2020 aufgestellt?

A 8 Auswärtssiege
B 9 Heimsiege
C 7 Unentschieden

258 Erst sah er Rot und dann … Mit Beginn der Spielzeit 2019/2020 konnten Vergehen von Trainern und Offiziellen ebenfalls mit Gelben oder Roten Karten geahndet werden. Welcher Trainer wurde nach dieser neuen Regelung als erster mit einer Gelb-Roten Karte vom Platz gestellt und musste danach ein Spiel pausieren?

INFOS

Meister: FC Bayern München
Absteiger: SC Paderborn, Fortuna Düsseldorf
Pokalsieger: FC Bayern München
Fußballer des Jahres (D): Robert Lewandowski (FC Bayern München, Sturm)
Torschützenkönig: Robert Lewandowski (FC Bayern München), 34

Saison 2020/2021

259 Welcher Fußballlehrer kehrte im April 2021 ein letztes Mal auf eine Trainerbank in der Bundesliga zurück, obwohl er seine Karriere vorher für beendet erklärt hatte? Beim 1. FC Köln beerbte der Gesuchte Markus Gisdol und schaffte mit den Geißböcken über die Relegation noch den Klassenerhalt.

- **A** Friedhelm Funkel
- **B** Peter Neururer
- **C** Jos Luhukay

260 Welche Mannschaft konnte nur durch einen Sieg gegen die TSG 1899 Hoffenheim am 15. Spieltag der Saison 2020/2021 die Einstellung des Bundesliga-Negativrekords von 31 sieglosen Spielen in Folge verhindern?

261 Wer wurde 2014 Fußballweltmeister, ohne zuvor ein einziges Spiel in der 1. Fußball-Bundesliga bestritten zu haben? Erst in der Rückrunde der Saison 2020/2021 gelang ihm schließlich auch dies.

262 Hinrunde flop, Rückrunde top: Welcher Verein war in der Saison 2020/2021 der erste in der Geschichte der Bundesliga, der nach einer Hinrunde mit nur sieben erzielten Punkten den Abstieg noch vermeiden konnte?

- **A** Arminia Bielefeld
- **B** Hertha BSC
- **C** 1. FSV Mainz 05

INFOS

Meister: FC Bayern München
Absteiger: Werder Bremen, FC Schalke 04
Pokalsieger: Borussia Dortmund
Fußballer des Jahres (D): Robert Lewandowski (FC Bayern München, Sturm)
Torschützenkönig: Robert Lewandowski (FC Bayern München), 41

263 Als Spieler hatte er 1991 sogar eine Bundesligapartie für Bayern München bestritten. Wer gab nach über zehnjähriger Amtszeit, in der er die Entwicklung seines langjährigen Arbeitgebers maßgeblich prägte, während einer emotionalen Pressekonferenz im Januar 2022 seinen Rücktritt als Geschäftsführer Sport bekannt?

264 Welchen Bundesliga-Rekord stellte Paul Wanner vom FC Bayern München in der Saison 2021/2022 auf?

A **Deutscher Meister mit der geringsten Spielzeit**

B **Jüngster deutscher Meister**

C **Späteste Einwechslung**

265 Welcher Verein benötigte bis September 2021 eine Sondergenehmigung der DFL, um seine Heimspiele austragen zu können, da das bis dahin genutzte Stadion ein gegenüber den Richtlinien zu kurzes Spielfeld aufwies? Das zudem bestehende Gefälle des Spielfelds von knapp einem Meter in Längsrichtung wollen wir hier nicht näher erörtern.

266 Durch den Abstieg von Werder Bremen war in der Spielzeit 2021/2022 erstmals das Stadion welches Vereins das nördlichste Erstligastadion einer Saison?

A **Arminia Bielefeld**

B **VfL Wolfsburg**

C **Hertha BSC**

INFOS

Meister: FC Bayern München

Absteiger: Arminia Bielefeld, SpVgg Greuther Fürth

Pokalsieger: RB Leipzig

Fußballer des Jahres (D): Christopher Nkunku (RB Leipzig, Mittelfeld/Sturm)

Torschützenkönig: Robert Lewandowski (FC Bayern München): 35

Saison 2022/2023

267 Die Rekordserie welches Teams riss am 3. Spieltag der Saison 2022/2023, als nach 36 erfolgreich verwandelten Elfmetern hintereinander Verteidiger Aarón einen Strafstoß verschoss?

A 1. FSV Mainz 05

B RB Leipzig

C SC Freiburg

268 2022/2023 ist der VfB Stuttgart der einzige Bundesligaverein, der vom baden-württembergischen Bekleidungsunternehmen JAKO mit Trikots ausgestattet wird. Welche beiden Flüsse „verbergen“ sich im Firmennamen JAKO?

269 Welcher Spieler aus dem Kader des FC Bayern München für die Bundesligasaison 2022/2023 trägt den zweiten Vornamen Oswald? Auch der erste Vorname des Gesuchten ist nur in abgekürzter Form geläufig.

A Bouna Sarr
B Dayot Upamecano
C Sadio Mané

270 Welcher ist der einzige der 18 Vereine, die in der Saison 2022/2023 in der Fußball-Bundesliga spielten, der noch nie Tabellenführer im Oberhaus war?

INFOS

Meister: FC Bayern München
Absteiger: FC Schalke 04, Hertha BSC
Pokalsieger: RB Leipzig
Fußballer des Jahres (D): Bei Drucklegung (Mai 2023) noch nicht bekannt
Torschützenkönige: Niclas Füllkrug (Werder Bremen), Christopher Nkunku (RB Leipzig), 16

Crunchtime

271 Welches Fernsehformat, das passend zum ersten Spieltag der Bundesliga am 24. August 1963 neu ins Programm kam, hat die markante Titelmelodie „Up to date", die von Max Gregers Big Band eingespielt wurde?

272 Im Wappen bzw. Logo welches ehemaligen Bundesligavereins sucht man die Ziffernkombination „07" vergeblich?

A Waldhof Mannheim
B SC Paderborn
C FC Homburg

273 Der Apfel fällt nicht weit vom Stamm: Schon der Vater welcher prägenden Figur der Bundesliga machte elf Spiele im deutschen Oberhaus und erzielte dabei einen Treffer?

A Andreas Möller
B Oliver Kahn
C Philipp Lahm

274 Welcher Bonner mit dem Spitznamen „Spargeltarzan" galt Mitte der 1970er-Jahre als größtes deutsches Mittelfeldtalent und wurde mit einer frühen Form des Crowdfunding zum FC Schalke 04 gelockt? Der damalige Schalker Präsident Günter Siebert finanzierte den Transfer durch eine temporäre Erhöhung der Stehplatzpreise um eine Mark, die man „XXX-Mark" nannte, wobei „XXX" für den Nachnamen des gesuchten Kickers steht.

275 Welcher ehemalige DDR-Spitzenfußballverein, der nach zwischenzeitlicher Umbenennung heute wieder seinen alten Namen trägt, steht genau einen Platz über dem SC Tasmania 1900 Berlin in der Ewigen Tabelle der Fußball-Bundesliga und ist damit vorletzter in dieser Rangliste?

276 Wer hat für zwei verschiedene Vereine jeweils mehr als 200 Partien in der 1. Fußball-Bundesliga bestritten?

A Richard Golz
B Olaf Thon
C Christian Wörns

277 Der Vater welches zweifachen Torschützenkönigs ist mit 22 Treffern Rekordtorschütze von Borussia Neunkirchen in der 1. Fußball-Bundesliga?

278 Welcher Torhüter stand für drei verschiedene Vereine bei jeweils mindestens 130 Spielen in der 1. Fußball-Bundesliga im Kasten?

279 Was ereignete sich in der Bundesligageschichte bislang genau ein Mal?

A Eine Mannschaft kassiert mehr als 100 Tore in einer Saison
B Der Torschützenkönig steigt mit seiner Mannschaft ab
C Eine Mannschaft verliert sämtliche Auswärtsspiele einer Saison

280 In den 1960er-Jahren bestritt Horst Mühlmann 42 Bundesligapartien für den FC Schalke 04. Ab 1970 wurde er ein erfolgreicher ...?

A Kicker in der NFL
B Broker an der Wall Street
C Gründer im Silicon Valley

281 Welche beiden Brüder haben zusammengerechnet mehr als 800 Bundesligapartien bestritten?

A Bernd und Karlheinz Förster
B Klaus und Thomas Allofs
C Friedhelm und Wolfgang Funkel

282 Welches Tier prangte von 1976 bis 1978 im Vereinswappen von Borussia Dortmund? Es gehörte zum Logo der Tabakmarke Samson, die damals als Trikotsponsor der Dortmunder agierte, und verdrängte den großen Schriftzug „BVB" aus dem Wappen.

A Pferd
B Löwe
C Krokodil

283 Welcher Bundesligist hat gegen den FC Bayern München eine ausgeglichene Bilanz, hat also gegen den Rekordmeister genauso häufig gewonnen und verloren.

A Stuttgarter Kickers
B Wattenscheid 09
C SpVgg Unterhaching

284 Jürgen, Klaus und Stephan Täuber bilden das bislang einzige „Bruder-Trio", das in der Bundesliga aktiv war. Alle drei bestritten mindestens ein Match im Oberhaus für den 1. FC Nürnberg und für welchen weiteren Verein?

285 Von 1963 bis 2023 haben insgesamt 56 verschiedene Vereine der Bundesliga angehört. Außer den Bayern selbst: Welcher ist der einzige dieser Vereine, der nie eine Erstligapartie gegen den FC Bayern München ausgetragen hat?

286 Welche „Zahlenkombination" findet sich in Erinnerung an die Vorgängervereine Kölner BC und SpVgg Sülz im offiziellen Vereinsnamen des 1. FC Köln?

A 08/15
B 05/09
C 01/07

287 Wie viele Vereine sind in der Bundesliga bereits einmal oder mehrmals Herbstmeister geworden, ohne je am Saisonende an der Tabellenspitze zu stehen?

A 3 Vereine
B 4 Vereine
C 5 Vereine

288 Welcher Torschützenkönig der 1. Bundesliga trug bei seiner Geburt noch den Nachnamen „Kaster"?

A Klaus Allofs
B Dieter Müller
C Martin Max

289 Philipp Köster, der Gründer und Chefredakteur des Fußballmagazins „11 Freunde", ist Fan welches Vereins (19 Spielzeiten in der Bundesliga), zu dem Köster früher auch das Fanzine „Um halb vier war die Welt noch in Ordnung" herausgab?

A 1860 München
B Arminia Bielefeld
C Eintracht Braunschweig

290 Welches britische Popduo besang 1983 den damaligen Bundesligastar Karl-Heinz Rummenigge mit dem Song „Rummenigge, what a man" und lobte dabei besonders die Attraktivität seiner Knie?

A Bud & Elaine
B Fred & Jane
C Alan & Denise

291

Fünf Bundesligameisterschaften, aber keine einzige mit dem FC Bayern München - diese Erfolgsbilanz können nur Spieler vorweisen, die für Borussia Mönchengladbach in den 1970ern aktiv waren. Welcher unermüdliche Mittelfeldwühler gehörte neben Wolfgang Kleff, Horst Köppel, Berti Vogts und nach einigen Quellen auch Rainer Bonhof zu den Meisterkadern 1970, 1971 und 1975-77?

292

Per Røntved spielte von 1972 bis 1979 für Werder Bremen in der Bundesliga und galt als einer der besten und elegantesten Liberos der Liga. Nach seinem Abgang veröffentlichte der Däne das Enthüllungsbuch „Die Kehrseite", in dem er den Verantwortlichen und Spielern an der Weser was vorwarf?

A Steuerhinterziehung
B Wettbetrug
C Doping

293

Welche Rückennummer wurde von der Saison 1996/97 bis zur Spielzeit 2018/19 beim FC Bayern München nur von zwei verschiedenen Spielern getragen?

294

In der Geschichte der 1. Fußball-Bundesliga trugen bislang nur drei Spieler einen Nachnamen mit lediglich zwei Buchstaben. Man nenne einen der drei Akteure!

295

Bislang gelang es nur sieben Spielern bei ihrem ersten Einsatz in der Fußball-Bundesliga, drei Tore zu erzielen. Der erste, der einen solchen Einstand feiern konnte, war Engelbert Kraus am 10. Spieltag der Auftaktsaison der Liga. Für welchen Verein debütierte Kraus mit einem Dreierpack?

A TSV 1860 München
B 1. FC Kaiserslautern
C Karlsruher SC

296

Welcher Verein ist bis heute der einzige, der eine Bundesliga-Saison auf Platz 20 abschloss?

A Fortuna Düsseldorf
B SG Wattenscheid 09
C Stuttgarter Kickers

297

Horst Buhtz war als Spieler einer der ersten Deutschen in Italien, und dort – beim AC Turin – ein Liebling der Tifosi. Als Trainer in Deutschland verhalf er fünf Mannschaften zum Aufstieg in die Bundesliga, wobei er beim BVB und beim 1. FC Nürnberg vor den Aufstiegsspielen entlassen wurde. Man nenne einen der drei übrigen Vereine!

298 Die Lilien vom SV Darmstadt 98 trugen ihre Heimspiele in bislang vier Bundesligaspielzeiten stets im Stadion am Böllenfalltor aus. Aber was versteht man in der südhessischen Mundart unter „Böllen“?

299 Bis zum unglaublichen Saisonfinale 2022/2023, in dem sich auch Christopher Nkunku zusammen mit Niclas Füllkrug noch die Kanone sicherte, war welcher Torschützenkönig der Fußball-Bundesliga der Einzige, der in Frankreich geboren wurde?

300 Welche beiden Clubs mussten als amtierende DFB-Pokalsieger in der Folgesaison den Abstieg aus der Bundesliga erdulden?

Die Lösungen

1. Kogge
2. Hertha BSC
3. Bobbi Bolzer – A
4. Karlsruher SC
5. Phantomtor
6. Rot-Weiss Essen
7. Josef „Sepp“ Maier
8. Eine jährlich wechselnde Marionette der Augsburger Puppenkiste – A
9. Borussia Mönchengladbach – C
10. Erich – A
11. Weserstadion (Bremen) – B
12. Spielvereinigung Unterhaching
13. Hansa Rostock – A

14 Eintracht Frankfurt

15 1. FSV Mainz 05 – B

16 Udo Lattek (MGL) und Otto Rehhagel (DOR)

17 Bremen – A

18 Hermann Neuberger

19 Josep „Pep" Guardiola Sala

20 SG Wattenscheid 09

21 Ludwigshafen – B

22 TSG 1899 Hoffenheim – B

23 Mit Turmalinen – C

24 Aleksandar Ristić

25 Hermann Rieger

26 Goldsaal – A

27 1. FC Union Berlin

28 Zwei Spielzeiten – A

29 Davor Šuker und James Rodríguez

30 1. FC Nürnberg – B

31 Meidericher SV (Heute: MSV Duisburg)

32 Georg Knöpfle

33 17:00 Uhr – A

34 Dagmar Drewes – A

35 MSV Duisburg – A

36 Hertha BSC – außerdem FC Schalke 04 und Karlsruher SC

37 Zézé – C

38 Dörfel (Bernd und Gerd)

39 (Städtisches) Stadion an der Grünwalder Straße in München – Meister wurde TSV 1860 München, Pokalsieger FC Bayern München

40 Fand am 31.12. statt – A

41 Platz 2 – C

42 647.000 DM (Richtig: 517.600 DM bis 776.400 DM)

43 Franz „Bulle“ Roth

44 Wenigste geschossene Tore – A

45 Tätlichkeit gegen den Schiedsrichter – A

46 Manfred Manglitz

47 Max Merkel

48 Torhüter – A

49 Peter Meyer – C

50 Goldköpfchen

51 Der Torquotient – B

52 Setzte nur 13 Spieler ein – C

53 Alemannia Aachen

54 Peter Handke

55 Schäferhund

56 Meiste Zuschauer in einem Spiel (88.075 Besucher) – B

57 Eiche – A

58 Winfried „Winnie" Schäfer

59 Bökelberg – C

60 Passagiere an Bord der entführten „Landshut" – B

61 Lothar Kobluhn

62 Johannes „Hannes" Linßen

63 FC Schalke 04

64 Mannschaftsbus – C

65 Ulrik le Fevre – B

66 La Laque

67 Ata – A

68 Girondins Bordeaux (UEFA-Cup-Endspiel 1996) – C

69 Günter Pröpper

70 DFB-Ligapokal (Später DFL-Ligapokal)

71 7:4

72 Reiner Geye – C

73 Willi Holdorf

74 Blöde Sau – A

75 VfB Stuttgart – B

76 Ronnie Hellström

77 Ping-Pong (Damals: Berliner Tennis- und Ping-Pong-Gesellschaft Borussia) – B

78 Kickers Offenbach

79 Rot-Weiss Essen und Borussia Mönchengladbach

80 VfL Bochum

81 Klaus Toppmöller – A

82 Eintracht Braunschweig – A

83 Roger Van Gool – C

84 Rosa Trikots

85 Allan Simonsen

86 VfL Bochum – B

87 Ottmar Hitzfeld – A

88 Dettmar Cramer und Gyula Lóránt

89 Werder Bremen – B

90 MSV Duisburg

91 Die drei Aufsteiger stiegen direkt wieder ab – B

92 Head over Heels in Love

93 Fehlende deutsche Trainerlizenz – B

94 SV Darmstadt 98

95 PAL-System (Raumdeckung nach Pál Csernai) – A

96 Tony Woodcock

97 Keine Regelung; beide belegten gleichauf Platz 3 – B

98 Spiel ohne Grenzen

99 Knallgöwer

100 Totaler Fußball – C

101 FC Schalke 04 (Interimstrainer war damals Rudi Assauer)

102 10 – A

103 Relegationsspiele – C

104 Ewald Lienen

105 Schiedsrichter aus der Schweiz – C

106 März

107 11:1 – A

108 Schleuderte einen Abwurf ins eigene Tor – A

109 Uwe Reinders (Einwurf) und Torhüter Jean-Marie Pfaff

110 Eintracht Braunschweig

111 Pepitahut – A

112 Oliver Reck

113 Höchste Toranzahl aller Spielzeiten (1.097 Treffer) – B

114 Helmut Benthaus

115 Erdgas – B

116 FC Bayern München und Borussia Mönchengladbach

117 Spielte achtmal hintereinander unentschieden – B

118 Michael Skibbe

119 Jürgen „Kobra" Wegmann

120 An den Pfosten – A

121 Helmut Winklhofer – A

122 Bayer 05 Uerdingen

123 Oliver Bierhoff

124 Uwe Rahn – C

125 Blau-Weiß 90 Berlin

126 Volkszählung – C

127 London – A

128 Größter Treter der Bundesliga – C

129 Udo Lattek

130 22 (Richtig: 20–24 Treffer)

131 Redner schlug Ordner KO – A

132 Ulrich „Ulli" Potofski

133 Karlsruher SC

134 Bernd Heller – A

135 Flipper – A

136 Wenigste Tore pro Spiel – B

137 Andreas Thom

138 Dietmar Artzinger-Bolten

139 Spielerfrauen – C

140 Nach der vierten Gelben Karte war er für das letzte Saisonspiel gesperrt – B

141 Die Zaubermaus

142 1. FC Nürnberg

143 Hansa Rostock – B, zusammen mit Stuttgarter Kickers, MSV Duisburg, Fortuna Düsseldorf

144 Søren Lerby

145 Matthias Sammer – B

146 Stefan „Effe" Effenberg

147 Horst Heese – C

148 1. FC Saarbrücken

149 22 – B

150 Wynton Rufer

151 Anthony „Tony" Yeboah – B

152 Augustine Azuka „Jay-Jay" Okocha

153 Dynamo Dresden

154 MSV Duisburg – A

155 HSV – A

156 Bernd Schuster – C

157 Roland Wohlfarth

158 Dynamo Dresden

159 Sean Dundee

160 FC St. Pauli – A

161 28-mal ein- und einmal ausgewechselt – C

162 Harald Anton „Toni" Schumacher

163 Joachim „Jogi" Löw

164 Bestritt zwei Partien gegen denselben Gegner innerhalb von nur sieben Tagen. (Dazwischen lag ein Transfer von Werder Bremen zum Hamburger SV) – B

165 Abédi Pelé (bürgerlich: Abédi Ayew)

166 Sanyo – C

167 1. FC Köln

168 Mehmet Scholl – A

169 Olaf Marschall

170 Bixente Lizarazu – C

171 Titanic

172 Borussia Mönchengladbach – B

173 Hany Ramzy – C

174 Günther Koch

175 Michael Ballack

176 SSV Ulm 1846

177 Eigentor von Jerry – B

178 Michael Tarnat – C

179 Thorsten Legat

180 Sergej Barbarez

181 SpVgg Unterhaching – A

182 14 Karten (11 Gelbe Karten, 1 Gelb-Rote Karte, 2 Rote Karten) – B

183 Raab der Woche – C

184 Jüngster Meistertrainer – B

185 Michael Ballack und Oliver Neuville

186 1. FC Köln

187 Fredi Bobic – B

188 Bernardo Romeo – B

189 Energie Cottbus

190 Thomas Christiansen Tarín

191 VfB Stuttgart – C

192 Container-Willi – A

193 Andreas Reinke

194 Zvjezdan Misimović

195 Marek Mintál

196 Jupp Heynckes – B

197 Kabelmuffe/Starkstrommuffe

198 Miroslav Klose – A

199 Sein rechter Fuß – A

200 Alpine – C

201 VfB Stuttgart

202 7:4

203 Mexiko

204 Klaus Augenthaler – B

205 Johan Micoud und Diego

206 Frankfurt – B

207 Arsch

208 Sintflutartiger Regen – C

209 VfL Wolfsburg (Grafite)

210 Hertha BSC – C

211 Meister VfL Wolfsburg – A

212 Borusseum – A

213 0

214 Ein Herz für Kinder

215 Trinkflasche – B

216 Finnisch (Sami Hyypiä) – B

217 Jørn Andersen

218 6

219 Faxgerät – B

220 Holger Stanislawski – C

221 FC Bayern München

222 Steve McClaren

223 Christian Streich (SC Freiburg)

224 Nordkorea (Demokratische Volksrepublik Korea) – A

225 Hertha BSC und Fortuna Düsseldorf

226 Hertha BSC – A, außerdem stiegen ab: 1. FC Köln, 1. FC Kaiserslautern

227 Henry Kissinger

228 Trikot ausziehen und Klettern auf den Zaun zu den Zuschauerrängen – B

229 Bayer Leverkusen

230 Ein Holzschuh – B

231 Estland – B

232 27. Spieltag – A

233 0

234 Darmstadt 98 und Alemannia Aachen

235 Nur acht Fouls – A

236 Moritz Stoppelkamp

237 Alexander „Alex“ Meier

238 Bastian Dankert – A

239 Hawk-Eye

240 10 Spiele – A

241 Julian Weigl – B

242 Der erste Ballkontakt

243 50.000 – C

244 Wolfgang Stark – C

245 SV Darmstadt 98

246 FC Ingolstadt

247 Borussia Dortmund und FC Schalke 04

248 Torjubel – C

249 Bibiana Steinhaus (Heute: Bibiana Steinhaus-Webb)

250 Christian Titz – B

251 Claudio Pizarro

252 Schließung der letzten Steinkohlezeche im Ruhrgebiet – B (Die Spieler trugen die Namen verschiedener Bergwerke auf ihren Trikots)

253 Büffelherde

254 Brillant APS – A

255 Von der Mauer beim Freistoß (Wenn die Mauer aus drei oder mehr Spielern besteht)

256 Rheinisches Derby – A

257 8 Auswärtssiege – A

258 Sandro Schwarz (FSV Mainz 05)

259 Friedhelm Funkel – A

260 FC Schalke 04

261 Shkodran Mustafi

262 1. FSV Mainz 05 – C

263 Max Eberl

264 Jüngster deutscher Meister – B

265 SC Freiburg (Dreisamstadion)

266 Hertha BSC – A

267 1. FSV Mainz 05 – A

268 Jagst und Kocher

269 Dayotchanculle „Dayot" Oswald Upamecano – B

270 FC Augsburg

271 Das aktuelle Sportstudio (Später auch: ZDF Sportstudio)

272 FC Homburg – C

273 Oliver Kahn (Rolf Kahn) – B

274 Hans „Hannes" Bongartz

275 1. FC Lokomotive Leipzig

276 Christian Wörns – C

277 Stefan Kuntz

278 Frank Rost

279 Eine Mannschaft verliert sämtliche Auswärtsspiele einer Saison – C (1. FC Nürnberg, Saison 1983/1984)

280 Kicker in der NFL – A

281 Klaus und Thomas Allofs – B

282 Löwe – B

283 Stuttgarter Kickers – A

284 FC Schalke 04

285 Preußen Münster

286 01/07 – C7

287 5 Vereine (Frankfurt, Hoffenheim, RB Leipzig, Leverkusen, Schalke) – C

288 Dieter Müller – B

289 Arminia Bielefeld – B

290 Alan & Denise – C

291 Herbert „Hacki“ Wimmer

292 Doping – C

293 7 (Mehmet Scholl und Franck Ribéry)

294 Demba Ba, Dong-won Ji, Jürgen Ey

295 TSV 1860 München – A

296 Fortuna Düsseldorf – A

297 Borussia Neunkirchen, Wuppertaler SV, Bayer 05 Uerdingen

298 Pappeln

299 Pierre-Emerick Aubameyang

300 Kickers Offenbach (1970/1971) und 1. FC Nürnberg (2007/2008)

Spiel A

A Eintracht Frankfurt und VfB Stuttgart
B 5:5 – Torreichstes Unentschieden der Bundesliga-Geschichte, zusammen mit Schalke 04 gegen Bayern München am 08.09.1973.

Spiel B

C Energie Cottbus und VfL Wolfsburg
D Eduard Geyer schickte zum Anpfiff nur Spieler ohne deutschen Pass aufs Feld. Das hatte es zuvor noch in keiner Liga-Partie gegeben.

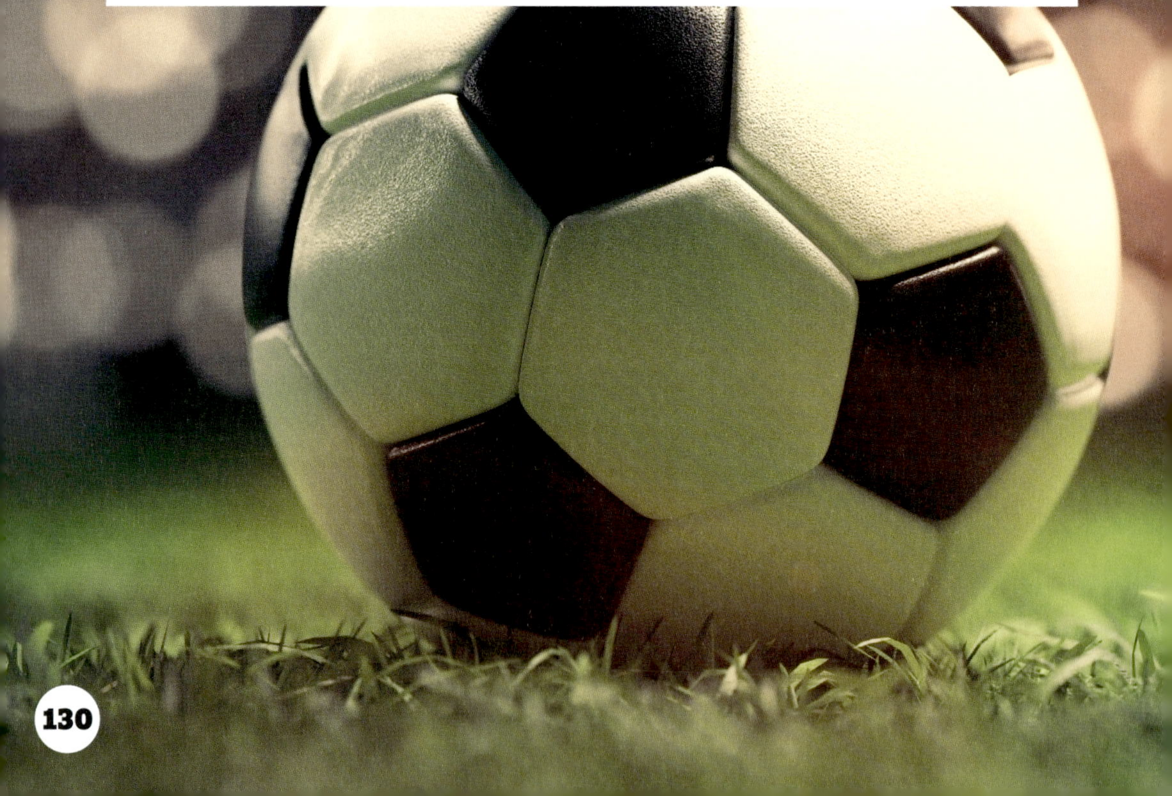

Rekord-Auf- und Absteiger

Aufstiege	Verein	in den Jahren
8	Siehe Frage Nr. 30	1978, 1980, 1985, 1998, 2001, 2004, 2009, 2018
8	Arminia Bielefeld	1970, 1978, 1980, 1996, 1999, 2002, 2004, 2020
7	VfL Bochum	1971, 1994, 1996, 2000, 2002, 2006, 2021
6	Hannover 96	1964, 1975, 1985, 1987, 2002, 2017
6	Hertha BSC	1968, 1982, 1990, 1997, 2011, 2013
6	Fortuna Düsseldorf	1966, 1971, 1989, 1995, 2012, 2018
6	1. FC Köln	2000, 2003, 2005, 2008, 2014, 2019
5	MSV Duisburg	1991, 1993, 1996, 2005, 2007
5	Karlsruher SC	1975, 1980, 1984, 1987, 2007
5	FC St. Pauli	1977, 1988, 1995, 2001, 2010
5	KFC Uerdingen 05	1975, 1979, 1983, 1992, 1994
5	SC Freiburg	1993, 1998, 2003, 2009, 2016

Abstiege	Verein	in den Jahren
9	Siehe Frage Nr. 30	1969, 1979, 1984, 1994, 1999, 2003, 2008, 2014, 2019
8	Arminia Bielefeld	1972, 1979, 1985, 1998, 2000, 2003, 2009, 2022
7	Hertha BSC	1965, 1980, 1983, 1991, 2010, 2012, 2023
6	MSV Duisburg	1982, 1992, 1995, 2000, 2006, 2008
6	VfL Bochum	1993, 1995, 1999, 2001, 2005, 2010
6	Karlsruher SC	1968, 1977, 1983, 1985, 1998, 2009
6	1. FC Köln	1998, 2002, 2004, 2006, 2012, 2018
6	Hannover 96	1974, 1976, 1986, 1989, 2016, 2019
6	Fortuna Düsseldorf	1967, 1987, 1992, 1997, 2013, 2020
5	KFC Uerdingen 05	1976, 1981, 1991, 1993, 1996
5	FC St. Pauli	1978, 1991, 1997, 2002, 2011

Die Ewige Tabelle

Platz	Verein	Tordifferenz	Punkte	Titel
1.	FC Bayern München	+2269	3995	32
2.	Borussia Dortmund	+790	3079	5
3.	Werder Bremen	+362	2922	4
4.	VfB Stuttgart	+312	2765	3
5.	Borussia Mönchengladbach	+449	2762	5
6.	Hamburger SV	+275	2733	3
7.	FC Schalke 04	–36	2563	0
8.	Eintracht Frankfurt	+44	2488	0
9.	1. FC Köln	+207	2457	2
10.	Bayer 04 Leverkusen	+535	2351	0
11.	1. FC Kaiserslautern	+4	2094	2
12.	Hertha BSC	–215	1771	0
13.	VfL Bochum	–331	1451	0
14.	1. FC Nürnberg	–366	1318	1
15.	VfL Wolfsburg	+50	1241	1
16.	Hannover 96	–349	1174	0
17.	MSV Duisburg	–229	1147	0
18.	Fortuna Düsseldorf	–273	1024	0
19.	SC Freiburg	–219	962	0
20.	Karlsruher SC	–315	953	0
21.	Eintracht Braunschweig	–149	903	1
22.	TSV 1860 München	–37	884	1
23.	1. FSV Mainz 05	–98	728	0
24.	TSG 1899 Hoffenheim	+16	682	0
25.	Arminia Bielefeld	–290	661	0
26.	KFC Uerdingen 05	–200	543	0
27.	Hansa Rostock	–129	479	0
28.	FC Augsburg	–154	465	0

Platz	Verein	Tordifferenz	Punkte	Titel
29.	RB Leipzig	+195	441	0
30.	SV Waldhof Mannheim	–79	285	0
31.	Kickers Offenbach	–118	282	0
32.	Rot-Weiss Essen	–137	262	0
33.	FC St. Pauli	–189	254	0
34.	Energie Cottbus	–127	211	0
35.	1. FC Union Berlin	+9	210	0
36.	Alemannia Aachen	–84	157	0
37.	SG Wattenscheid 09	–62	150	0
38.	1. FC Saarbrücken	–134	144	0
39.	Dynamo Dresden	–79	140	0
40.	Rot-Weiß Oberhausen	–99	139	0
41.	SV Darmstadt 98	–121	117	0
42.	Wuppertaler SV	–64	102	0
43.	Borussia Neunkirchen	–114	93	0
44.	FC 08 Homburg	–97	90	0
45.	SpVgg Unterhaching	–26	79	0
46.	Stuttgarter Kickers	–38	77	0
47.	FC Ingolstadt 04	–30	72	0
48.	SC Paderborn 07	–71	51	0
49.	Tennis Borussia Berlin	–89	49	0
50.	SpVgg Greuther Fürth	–88	39	0
51.	SSV Ulm 1846	–26	35	0
52.	SC Fortuna Köln	–33	33	0
53.	Preußen Münster	–18	30	0
54.	Blau-Weiß 90 Berlin	–40	21	0
55.	Siehe Frage Nr. 275	–37	20	0
56.	SC Tasmania 1900 Berlin	–93	10	0

Berlin

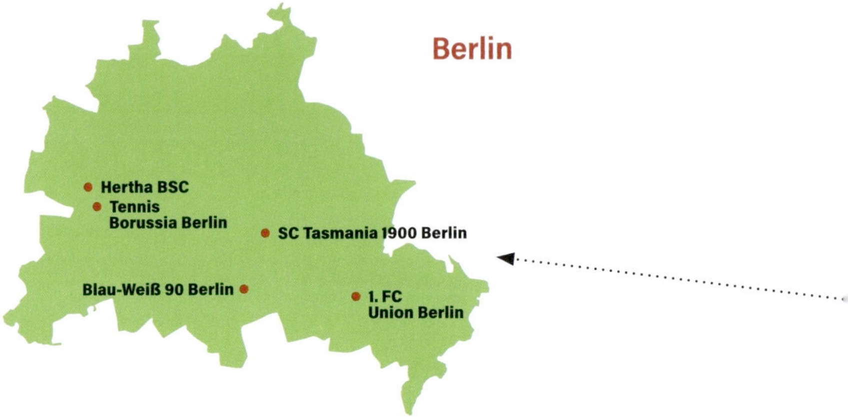

Nordrhein-Westfalen

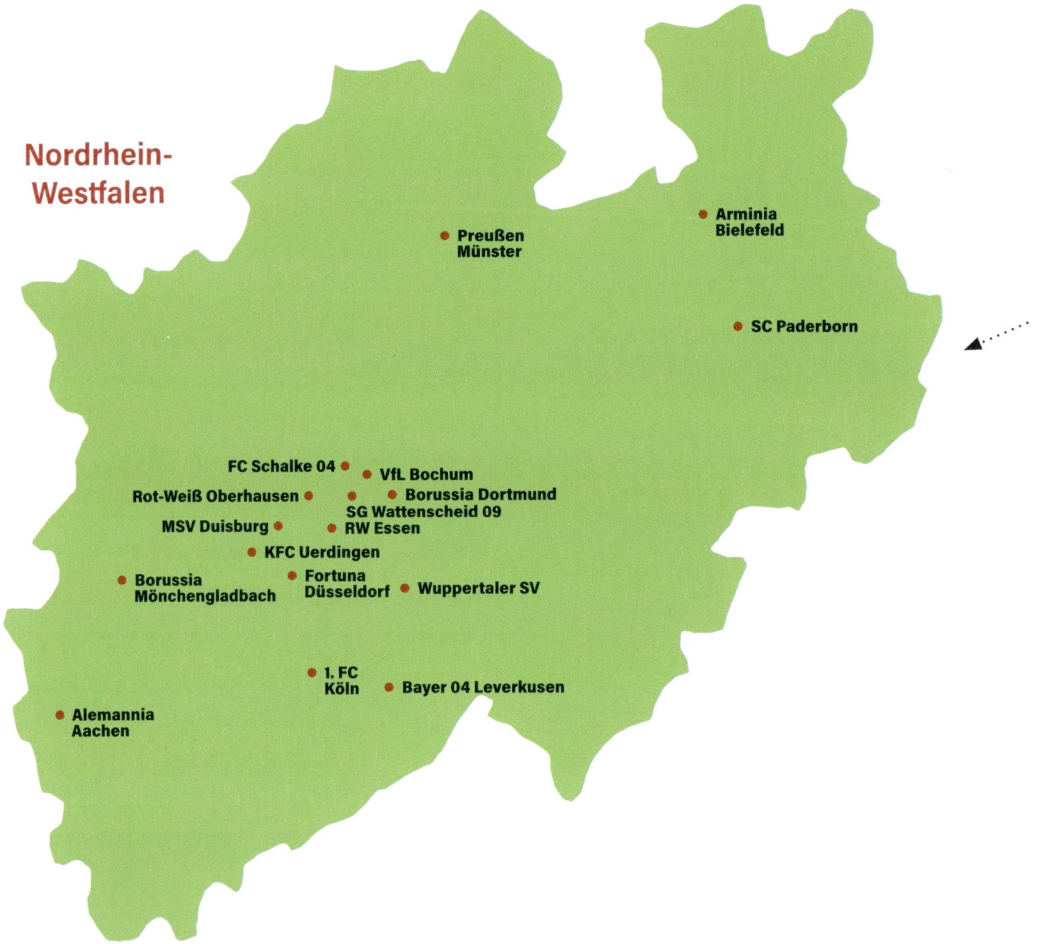

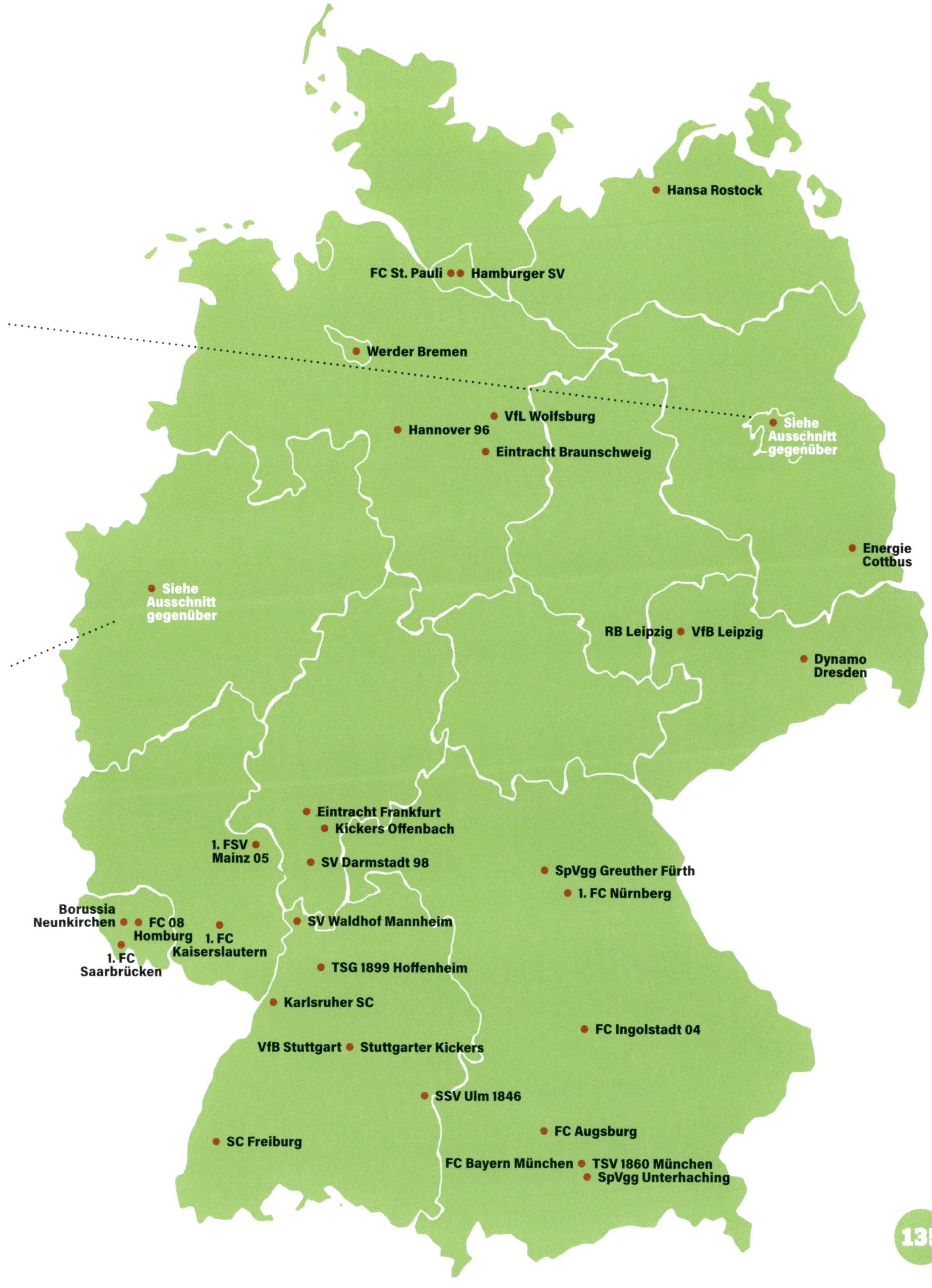
Hansa Rostock
FC St. Pauli
Hamburger SV
Werder Bremen
VfL Wolfsburg
Hannover 96
Eintracht Braunschweig
Siehe Ausschnitt gegenüber
Energie Cottbus
Siehe Ausschnitt gegenüber
RB Leipzig
VfB Leipzig
Dynamo Dresden
Eintracht Frankfurt
Kickers Offenbach
1. FSV Mainz 05
SV Darmstadt 98
SpVgg Greuther Fürth
1. FC Nürnberg
Borussia Neunkirchen
FC 08 Homburg
1. FC Kaiserslautern
1. FC Saarbrücken
SV Waldhof Mannheim
TSG 1899 Hoffenheim
Karlsruher SC
FC Ingolstadt 04
VfB Stuttgart
Stuttgarter Kickers
SSV Ulm 1846
SC Freiburg
FC Augsburg
FC Bayern München
TSV 1860 München
SpVgg Unterhaching